JN098889

マーケティングコミュニケーションにおける

創造性と戦略

Creativity
and
Account Planning

クリエイティビティと
アカウントプランニング

村尾俊一 Shunichi Murao ［著］

中央経済社

はじめに

　本書のテーマは，広告やマーケティングコミュニケーションにおける，創造性とその基礎となるクリエイティブ戦略についてである。日本の広告やマーケティングコミュニケーションに関連する学会で，その創造性に関する研究はごく限られている。よって広告やマーケティングコミュニケーションの創造性とは何かを知ってほしい，創造性の力を感じてほしい，創造性を実現するための戦略と創造性の関係を理解してほしいとの思いから本書は企画された。

　第Ⅰ部では創造性に焦点をあて，先行研究により「創造性とは何か」についての基本的な考え方をレビューした。そのうえで，広告クリエイティビティの特徴を，芸術，科学，実務のクリエイティビティの違いから考え，広告実務における「合意による創造性の形成」という概念を紹介した。また欧米と日本の広告クリエイティビティの相違について，経営，広告ビジネス環境の相違，芸術，歴史，思想，文化の違いなどから考察している。

　第Ⅱ部では，広告における創造性実現の基礎となるクリエイティブ戦略について，アカウントプランニングの歴史をたどることで明らかにしようとしている。南北戦争前後の米国で現在につながる広告会社が，新聞や雑誌などのメディアの勃興とともに創立され，資本主義の進展につれて，その後のラジオ，テレビ，インターネットへと続く発展をとげていった。そのなかで広告クリエイティブ戦略や，その後のアカウントプランニングがどのように起こり，発展し，現在の姿に変わってきたのかを，社会経済的状況，その時代の広告クリエイティブ戦略に影響を与えた思想や考え方，実際に使われていた広告クリエイティブ戦略と広告の事例から概観している。

　第Ⅲ部では，現代の広告やマーケティングコミュニケーションにおける創造性とクリエイティブ戦略の関係を，アメリカ広告業協会，ヨーロッパ広告学会，またクリエイティブブリーフの歴史的発展と現状，創造性を実現するための会

議である戦略レビューボードとクリエイティブレビューボード，そして創造性を実現するための問いという5つの視点から検討している。デジタル化やモバイル化が進展する現在，広告やマーケティングコミュニケーションの創造性とその基礎となるクリエイティブ戦略をいかにとらえ，どのように活用していけばよいかについてのヒントを示したいと考えている。本書が，広告やマーケティングコミュニケーションを学ぶ学生や研究者，広告やマーケティングを生業とする実務家の方々を勇気づける一助となることを心より願っている。

2021年2月

村尾　俊一

目　　次

創造性（クリエイティビティ）

第 **1** 章

創造性とは

① 定義の困難さ

　創造という言葉は，英語のcreationの訳語として用いられてきた。明治35年
(1902) 三省堂発行の『新訳英和辞典』のcreationの訳語として「創造・開闢」
とある。creationはキリスト教の天地創造を意味し，無から有を生む大きな出
来事を意味する。キリスト教圏の人々で，旧約聖書の冒頭の "In the beginning
God created the heaven and the earth"「初めに神が天地を創造した」を知ら
ぬ人はいないだろう。彼らにとって "created" という言葉は，子供のころか
ら何度も聞かされてきたなじみのあることばである。これに対し，日本人に
とって，創造という言葉は比較的新しい言葉である。明治維新前後の急激な近
代化で，欧米の思想文化と科学技術が大量に取り入れられた時期にcreationの
訳語として登場したと考えられる。慶應2年（1866）の「海外新聞」に浜田彦
蔵が旧約聖書の創世記を紹介した「開闢のあらまし」のなかに「始て神ハ天と
地とを創造なしたりしか」と，創造という言葉が使われている。

　創造の「創」は，よく切れる刀で人間や獣の皮膚を切った時にできる傷の意
味で，そこには戦いの相手や生き物の命を絶つ時に真っ赤な血が噴き出し，切
られたものを破壊し尽くす激しい意味が含まれている。「造」という漢字は，
元は神に祈り訴えることであった（白川，1984）。「造」は切り離されたものを
別のものと組み合わせて，切られた元のものとはまったく違う新しいものを生
み出すことを意味している。「創」と「造」には，この2つの相反する意味が

込められている。破壊と合体，死と再生，無と有など，われわれが普段何気なく使っている創造という言葉には本書のテーマがすでに隠されている。

創造性という言葉は，『広辞苑』（2018，岩波書店）にはない。『広辞苑』にはクリエイション，クリエイター，クリエイティブの項目はあるが，クリエイティビティもない。わが国では創造性は英語のcreativityの訳語として用いられている。日本では創造性もクリエイティビティも，言葉としての市民権を得ていないばかりか意味もよく理解されていないのである。これに対し，英語のcreativityは『リーダーズ英和辞典』（2012，研究社）では訳語として，「創造性，独創力」とある。『ロングマン英英辞典』（1987，丸善）には「新しくてオリジナルなアイディアや物を創り出す能力（筆者訳）」と説明がある。聖書の冒頭にある「創造」につながるクリエイティビティは，欧米では普通に使われる言葉なのである。イギリスの著名な広告クリエイターであるサー・ジョン・ハガティ（Hegarty, 2014）は，クリエイティビティに関する著作のなかで「私の経験では，クリエイティビティが何を意味するかについて明確な考えを持っている人はほとんどいなかった」と述べている。Creativityは，クリエイティビティが言葉としての市民権を得ている欧米ですら難解な言葉なのである。

社会心理学者のアマビル（Amabile, 1983）は，「クリエイティビティの定義と評価は，心理学者の間で長い間意見が合わず，不満の種だった」と述べている。コスリン（Kosslyn, 1980）は，クリエイティビティについて，「それは定義することが難しく，人がそれについてよく知らないもの」であるとしている。レイド・キング・デローム（Reid, King and DeLorme, 1998）は，「クリエイティビティは，広告の最も科学的でない側面であり，かつ最も重要である」と主張している。

日本でも植條（1993）は，「われわれ人類の歴史において，今日ほど創造的思考の必要性が強く叫ばれた時代はない。（中略）特に広告界においては，ここ数年来創造性（creativity）という言葉は，いたるところで使用されており，広告の生命ともいうべき座標を確立しているのである」と述べている。そのうえで，「日本におけるクリエイティビティ研究は，まだ緒についたばかりであ

る」と指摘している。創造性とは何か？　クリエイティビティとは何か？　欧米を中心にこれまでさまざまな人々がそれについて考え，苦闘し，さまざまな試みがなされてきた。日本では創造性研究はそれほど重視されてこなかっただけでなく，創造性とは何かを正面から扱った著作も論文も，マーケティングコミュニケーションや広告や広報の分野でごく限られている。創造性（クリエイティビティ）は定義の困難な，一筋縄ではいかないテーマなのである。

② 4つの定義

⑴ クリエイティビティは人

　現代のクリエイティビティ研究のはじまりとされるのが，心理学者のギルフォード（Guilford, 1950）による，アメリカ心理学会における講演である。この時，彼は過去23年間（1927-1950）の心理学関連の全論文を調査した結果を報告している。タイトルに「クリエイティビティ」とついている論文は，121,000タイトルのうち186タイトル，わずか0.15％しかなかった。

　ギルフォードは，「知能テストとクリエイティブな成果の相関関係は，中程度かもしくは中より低い」ことを指摘した。そして「クリエイティブの成功に貢献するには，多分知性だけではないある能力が必要である。クリエイティビティについての総体的な理論は，全人格的なものである」と主張した。単なる知性だけでは，クリエイティビティは達成できない。ギルフォードの基本的な考え方は，クリエイティビティというものは，多くのクリエイティブな人が持つ特徴的ないくつかの能力のことだとするところにある。クリエイティビティを，人を中心に考えるという方法である。

　ギルフォード（1950）は，次のように定義している。「狭義では，クリエイティビティは，大多数のクリエイティブな人々の特徴的な能力である。別の言い方をすると，心理学者の問題は，そのクリエイティブなパーソナリティである。心理学者である私は，しばしば，個人のパーソナリティを，その人のユ

ニークな生活習慣の特徴のパターンとして，定義してきた。生活習慣の特徴は，比較的不朽のものであり，個人を他の人から区別するものである。心理学者は，特に業績に表れるそれらの生活習慣の特徴に興味を持つ。別の言い方をすると行動の特徴である。行動の特徴は，広いカテゴリーの，芸術的な才能，興味，態度，気質性の長所に現れる。クリエイティブなパーソナリティは，クリエイティブな人々の，生活習慣の特徴のパターンの問題である」。ギルフォードは人に焦点をあて，クリエイティビティの解明には，これらの人々の生活習慣の特徴の研究が欠かせないという立場である。それまで心理学会で重視されていなかったクリエイティビティ研究を活性化するために，ギルフォードは人に焦点をあてた。

マズロー（Maslow, A.H., 2013）は，人間の欲求は低次から高次へと段階をへて発展していくという欲求5段階説を唱えた。彼は最高位の欲求を満たした「自己実現的な人々」（self-actualizing people）すなわち自分の達しうる最高点にまで成長した人々についての研究を残している。マズローが自己実現的な人として取り上げたのは，スピノザ，トーマス・ジェファーソン，アブラハム・リンカーン，ウィリアム・ジェイムズ，アルバート・アインシュタイン，エレノア・ルーズベルトなどである。これらの人々は「至高経験」（peak experience）と呼ばれるものを経験したとしており，美的経験や，創造的経験，愛の経験，洞察の経験などがそれには含まれるとした。マズローも人間性の心理学の立場から，創造性の研究において人を中心に行っている。

(2)　クリエイティビティは4P

ローデス（Rhodes, 1961）の立場は，クリエイティビティを部分ではなく，総体的にとらえようとする立場である。ローデスは，過去のクリエイティビティに関する定義を40以上集め，それらの定義のなかから，学術的にユニークな同一性を持つ4つの基準を導き出す。それが，「①人間すなわち人（Person）。②アイディアを創造する時に使われる，精神的なプロセス（Process）。③その人の生態上の環境（Press）。そして，④アイディアに付属するもの，アイディ

アは通常言葉や作品として表現される。それを成果物（Product）と呼ぶ」である。この，人，プロセス，環境，成果物が，ローデスの提唱した，クリエイティビティの4Pと呼ばれるものである。

人とクリエイティビティに関する情報として，ローデスは以下の11項目をあげている。人格，知性，気質，体格，特性，習慣，態度，自己概念，価値体系，防衛機構，行動，がそれである。また，プロセスとクリエイティビティに関する情報として，彼は以下の5点をあげている。動機，知覚，学習，思考，コミュニケーションがそれである。彼は，環境（プレス）とは人間とその環境にかかわるものであるとしている。プロダクトについて，ローデスは，「クリエイティブな成果物は，ある個人が成長するに従い，また機能するに従い，彼により，ある種の力の働きによる結果，生み出されるものである」としている。

ローデス（1961）は，クリエイティビティをこう定義している。「クリエイティビティとは何か？　クリエイティビティという言葉は，名詞であり，人が新しいコンセプト（これが成果物である）を伝達する現象に，名づけたものである。精神的な活動（または精神的なプロセス）は，定義のなかに暗黙のうちに含まれている。また人は，真空のなかで住んだり活動したりするわけではない。ゆえに，環境（プレス）という言葉も，意味に含まれている。定義は，最初の質問に要求する。いかにそのコンセプトは斬新であるか？　そして誰に対して，斬新であるべきかと」。ローデスの定義は，彼の4Pの主張をなす，人，プロセス，環境，成果物を含んだものとなっている。彼は，クリエイティビティを人だけから考えるのには限界があると考えていた。クリエイティビティの研究には，4Pすべてを含む全体的なアプローチが不可欠だという立場である。

⑶　クリエイティビティはプロセス

行動主義心理学者のワトソン（Watson, J.B., 1930）は，「新発見のものはいかに，存在するに至るのであろうか。しばしばなされる，自然な質問に，『いかにして，われわれは，詩や優れたエッセーなどの，新しい言葉による創作を，得るのであろうか？』，というのがある。その答えは，言葉をうまく操作して

新しいパターンに達するまで，変換させることによる」と述べている。ワトソンは，行動主義心理学の創設者であり，アメリカの大手広告代理店 J.W.トンプソン社に在籍しており，広告の実務にも精通していた。広告アイディアを生み出すプロセスの重要性をよく理解していた。ゲシュタルト心理学者のワルトハイマー（Wertheimer, 1959）は，「クリエイティビティとインサイトは，考える人が，問題の特徴の本質をつかんだ時，そしてその最終解決案との関係をつかんだ時に現れる」としている。これらの定義は，クリエイティビティが発揮されるには，そのプロセスに一番重要な秘密が隠れているとする立場である。

⑷ クリエイティビティは客観と主観

アマビル（Amabile, 1983）は，「クリエイティビティは，単純な客観的な分析だけでは判定できない。ある種の，主観的な評価が必要である」と主張している。これは，前述のクリエイティビティの定義の困難さを，裏打ちするものである。そこで，アマビルは2種類の定義を作成し，この解決をはかろうとする。第1は，合意（コンセンサス）によるクリエイティビティの定義である。「製品や反応は，適切な観察者が個別にそれはクリエイティブであると同意する程度により，クリエイティブであると判断される。適切な観察者とは，その製品が創造されたり，反応が表現される領域を熟知した人々である。それゆえ，クリエイティビティは，成果物の高い品質として考えられたり，反応は適切な観察者により，クリエイティブであると判断される。そして，クリエイティビティは，判断されながら形作られていくプロセスとして，同様に考えられる」。第2は，概念的なクリエイティビティの定義である。「成果物や反応は，以下の程度によりクリエイティブであると判断される。それは， a ）斬新かつ，適切であり，有用であり，現在抱えている問題に対して，正確または価値がある反応である。 b ）その問題というのは，アルゴリズム的なものではなく，知識発見的なものである」。

③　芸術・科学・実務の創造性

　クリエイティビティとは，新しくてオリジナルなアイディアや事物を創りだす時に使われる能力であるとすでに紹介した（『Longman Dictionary of Contemporary English』1987）。クリエイティビティは人間のさまざまな活動で発揮される能力である。ここでは，ベイリン（Bailin, 1988）を参考にクリエイティビティが発揮される人間の活動を，①芸術，②科学，③産業，の3つに分けて議論を進める（図表1-1）。

　芸術のクリエイティビティの目的は，美の追求であり，主体は画家や，彫刻家や文学者や，音楽家たちである。科学のクリエイティビティの目的は，真実の追求であり，主体は科学者や研究者や技術者である。産業のクリエイティビティの目的は，実用であり，主体は企業や団体とそこに働く個人である。この企業や団体には，建築家や，デザイナーや，クリエイターがおり，彼らが産業のクリエイティビティを担っている。

　広告のクリエイティビティは，産業のクリエイティビティのなかの一部であり，その特徴は実用の目的に役立つことを求められていることである。ここに広告クリエイティビティの特徴である目的志向性と，問題解決性の基礎がある。広告は，科学と芸術の合体したものだと言われてきた。また，優れた広告には，ロジック（戦略の論理）とマジック（クリエイティブの魔法）の結合が必要だともいわれてきた。企業の課題を解決するために，企業から対価を受け取り，対象者を絞り込み，広告の目的を設定して，そのために消費者を動かすクリエ

図表1-1　芸術，科学，産業のクリエイティビティ

クリエイティビティ	芸術	科学	産業
目的	美の追求	真実の追求	実務への活用
主体	画家・文学者・音楽家	科学者・研究者・技術者	クリエイター・建築家・デザイナー

出所：ベイリン（2008）を参考に筆者作成

イティブを作成する。その良し悪しに，クリエイティビティが大きな影響を与えてきたのである。そこには，優れたアイディアを生み出すクリエイターの存在が欠かせない。人々の記憶に残り，社会を動かし，企業に繁栄をもたらすアイディアに満ちた広告を創り出すクリエイター達だ。エルムラドとウエスト（El-Murad and West, 2004）は，「広告クリエイティビティは，広告アイディアを開発し，創りあげる過程において使われる」と指摘している。

　先人たちのクリエイティビティ研究から，広告クリエイティビティ研究につながる主要な論点を整理すると次のようになる。

　①クリエイティビティは，大多数のクリエイティブな人に特徴的な能力の事である。②クリエイティビティは知性だけでは生み出せない。③クリエイティビティの研究には，クリエイティブな人（Person），クリエイティブを生み出すプロセス（Process），クリエイティブな人の環境（Press），クリエイティブな成果物（Product）の，クリエイティビティの4Pを見ていくことが必要である。

　④クリエイティビティは考える人が，問題の特徴の本質をつかんだ時，そしてその最終解決案との関係をつかんだ時に現れる。⑤製品や反応のクリエイティビティは，単純な客観的な分析だけでは判定できない。クリエイティビティにはある種の主観的な評価が必要である。

第2章

広告クリエイティビティ

1 広告クリエイティビティの特徴：目的志向性と問題解決性

　まず，広告クリエイティビティの特徴を見ていく。最近の研究であるエルムラドとウエスト（El-Murad, West, 2004）のクリエイティビティの定義の記述と，アマビル（Amabile, 1983）のクリエイティビティの概念的定義を比較したものが，**図表2-1**である。

　図表2-1のエルムラドとウエストの下の2つの欄に記述されている，目的志向性と問題解決性は，広告のクリエイティビティに特有の要素である。アマ

図表2-1　エルムラド他の定義の記述とアマビルの概念的定義の比較

El-Murad, West（2004）	Amabile（1983）	クリエイティビティ
Originality オリジナリティ	Heuristic 発見的	芸術のクリエイティビティと共通の要素
Novelty 斬新さ	Novel 斬新	
Appropriateness 適切性	Appropitate 適切	
Imagination 想像力	Heuristic 発見的	
Goal-directed 目的志向性	Useful 有用	広告のクリエイティビティに特有の要素
Problem solving 問題解決性	Correct or valuable response to the task at hand 現在の課題にとり正しいか価値がある反応	

出所：筆者作成

ビルの定義は，製品やサービスという産業全体のクリエイティビティという広告に限らないより広い定義だが，社会心理学の立場から実務への応用を重視し，有用性と問題への解決の2点を含めており，エルムラドとウエストと同じ意味で使われている。

　広告クリエイティビティの特徴は，芸術や科学のクリエイティビティと共通の要素である，オリジナリティ（独創性），斬新さ，適切性，イマジネーション（想像力）に加えて，目的志向性（有用）と問題解決性（現在の課題に対して正しい）を有することである。

［2］　広告クリエイティビティと合意

　次に，広告のクリエイティビティの目的と主体について，他の分野のクリエイティビティと比較を行う。

⑴　クリエイティビティ実現の3段階

　広告クリエイティブは，クライアント（得意先）のブリーフ（指示）を受けたあと，広告会社や制作会社において，次の3段階をへて，世の中へと出ていく。すなわち，①アイディアの創造（Creation），②アイディアの選択（Selection），③アイディアの実制作（Execution）の3段階である。これは，大手外資系広告代理店の，クリエイティブ部門の社内教育にあったものである。

　芸術や科学のクリエイティビティと違い，広告のクリエイティビティに特徴的なことは，アイディアの創造，選択，実制作のすべての段階において，複数の人間の議論と合意の上に成り立っていることである。合意と，人々との協働なくしてはいかなる優れたクリエイティビティの広告も，世の中には出ていけない。図表2-2は，各段階での合意を表している。

図表2-2　広告クリエイティビティの実現と各プロセスでの合意

	アイディア開発	アイディア選択	アイディア実制作
クリエイティブチーム内の合意	○	○	○
営業・プランナーを含む全チームの合意	○	○	○
広告代理店役員・トップの合意	(○)	○	○
クライアント担当者の合意		○	○
クライアント部長・局長の合意		○	○
クライアント役員・トップの合意		(○)	○
制作会社関連の合意			○

注：○は各段階で必要な合意の種類を，（○）は省略される場合もあることを示す。

出所：筆者作成

①　アイディア開発（創造）段階の合意

　広告アイディアの開発（創造）に入る前には，クライアントの課題の説明に基づき，アカウントプランナー（戦略プランナー）が，クリエイティブブリーフを作成する（第8章で詳述）。クリエイティブブリーフには，対象者，対象者とブランドの現在の関係，消費者インサイト，解決すべき課題，広告の目的，ブランドのプロポジション等がまとめられている。クリエイティブブリーフにも，戦略プランナー，クリエイター，営業担当者の社内合意が必要である。クリエイティブブリーフにより，広告制作に進むための枠組みを，合意するのである。クリエイティブブリーフが固まれば，クリエイティブチーム内で，ブリーフに基づくアイディアの開発が始まる。ここでも，クリエイティブチーム内でアイディアを出し合い，それぞれの案を持ち寄り，ディスカッションでアイディアを練り上げていく。開発段階の最後には，クリエイティブ内で合意に基づき，コアアイディア（コンセプト）を何案か絞り込む。図表2-2にあるように，アイディア開発段階では，クリエイティブチーム内での合意と，営業

プランナーを含む全チーム内での合意，場合により広告会社役員の合意が必要となる。ここでの合意に基づき，次の選択段階にアイディアは進む。

②　アイディア選択段階の合意

　ここから，予算の大きい大規模なキャンペーンなどでは，長い長い最終合意までの段階が始まる。まず，アイディア選択のために広告会社内での合意をとる作業である。クリエイティブから，チームの営業とプランナーに，コアアイディアが見せられる。その後，場合により役員を含む広告会社内のディスカッションがあり，広告会社内の合意をとる。そしてやっと，クライアントにプレゼンテーションが可能となる。大規模なキャンペーンの場合，2～3案のアイディアに絞られることが多い。

　次はクライアントの合意をとる作業である。クライアントにもよるが，広告費は経費のなかでも突出して大きいのが普通である。ビジネスの成否がかかっており，クライアントも真剣にならざるを得ない。まずブランドの担当者（ブランドマネージャー等）の合意。次にマーケティングディレクター（宣伝部長など部門の責任者）の合意。最終的には，クライアントの担当役員や社長の合意があり，初めてアイディアは制作に進み世に出ることになる。これらの各段階では，提案されたアイディアが，クリエイティブブリーフに明記された戦略に基づいているか（オンストラテジー）か，否か（オフストラテジー）が問われる。またアイディアが強いインパクトでブランドの課題を解決する力があるかが，厳しく問われていく。ここまできて，ようやくアイディアが実制作に進む。

③　アイディア実制作段階の合意

　クライアントに合意されたクリエイティブアイディアを，実際の広告やキャンペーンに仕上げる段階が，実制作（Execution）段階である。いかに優れたアイディアも，実制作で失敗すると，出来の悪い価値のないものになってしまう可能性があるので，この段階も重要である。テレビCMを例にあげると，コ

アアイディアに基づいたストーリーボードを，制作会社や演出家とともに，演出コンテへと仕上げていく。ここで，実際にかかる費用が見積書となって提出される。ここでも，広告会社内での演出コンテへの合意。クライアントによる，演出コンテ，見積書への合意が必要となる。それぞれの段階で，優れたアイディアが，普通のアイディアへと転落してしまう可能性がある。たとえば，予算の都合で，最初のアイディアのロケーション（撮影場所）やCGの使用がむずかしい場合。ストーリーの核になる俳優やタレントが出演不能の場合や，音楽が使えない場合などである。これらの次から次へと起こる問題を，CMのクリエイティビティをより素晴らしいものにするために，最後まで責任をもつのがクリエイティブ・ディレクターである。並々ならぬ，強い意志と審美眼と説得力が必要とされる。ギルフォードの言う「クリエイティブな人」である。

　これまで見たように，優れたアイディアが実際の広告となり世の中に出るには，これまで述べたすべての関係者の合意をとる必要がある。**図表2-2**の合意を合計すると，アイディアが最終的な広告やコミュニケーションキャンペーンとして出ていくには，テレビCMなどを含む大規模なキャンペーンの場合，少なくとも14～16の合意をとる必要がある。広告クリエイティビティはこのように，合意により形成されていく。

⑵　広告クリエイティビティの特徴まとめ

　広告クリエイティビティの特徴は，3点にまとめられる。第1点は，ほかのすべてのクリエイティビティと共通の要素である，オリジナリティ，斬新さ，適切性，想像力に追加して，広告のクリティビティに特徴的な，目的志向性（有用）と問題解決性（現在の課題にとり正しい）を満たすものであること。第2点は，広告のクリエイティビティには，企業や団体の課題を解決し，実用の役に立つ必要があるということ。第3点は，芸術や科学のように個人で完成できるものは稀で，優れたクリエイターのアイディアがまずあり，そこから完成までに多くの関係者の合意により形成されていくものだということである。

③ 広告と広報のクリエイティビティの比較

(1) 広告と広報で異なるクリエイティビティ

広報におけるクリエイティビティの研究は，最も未踏の分野である。グリーン（Green, 2010）は広報のクリエイティビティの研究を始めた時，この主題に関する著作は1冊もなかったと述べている。グリーンは広報のクリエイティビティを論じた著作において，ケストラー（Koestler, 1967）のクリエイティブアイディアが生まれるメカニズムである「2つの別々の概念が，偶然1つになったもの」という考え方を紹介している。そのうえで広報のクリエイティビティを，「クリエイティビティはわれわれが何か新しいものを創造する時，与えられている課題に対し付加価値を提供するために，2つかそれ以上の要素を新しいコンテキストに生まれ変わらせる能力である」と定義している。この定義で重要な点は，与えられている課題，新しいものの創造，新しいコンテキスト（文脈），付加価値を与える，であり広報のクリエイティビティの特徴が示されている。

広告と広報では，実務のためのクリエイティビティという点は同じであり，どちらにも目的志向性と，問題解決性は重要である。しかし，有料の広告媒体でクライアントのメッセージを伝える広告と，クライアントの伝えたい情報を，編集者やニュースキャスターや人々の拡散を通じて消費者に伝えるパブリックリレイションズでは，必要とされるクリエイティビティの質が異なる。広告の場合，人々の注意を引くために，より斬新性やオリジナリティが強調される。広報の場合は，ニュース性と優れたコンテキスト（文脈）という面がより重要になる。

広報と広告のクリエイティビティでは，強調される点に違いがある。グリーンは，広報のクリエイティビティにとってのプロセスの重要性を指摘している。このプロセスは，①PR実務者（クリエイター）によるオリジナルアイディア

の創作時点と，②評価する優れた目を持ったほかの人々によるその素晴らしさの認識の時点の2つの点で重要であると述べている。広報における優れた目を持ったほかの人々とは，同業であるPRの実務家，ジャーナリストやクライアント，広義にはニュースの読者や視聴者も入ると指摘している。

(2)　広報のクリエイティビティの定義

　広報のクリエイティビティの定義は，何か新しいものを創造する時，与えられている課題に対して付加価値を提供するために，2つかそれ以上の要素を新しいコンテキストに生まれ変わらせる能力である。最近のカンヌライオンズ国際クリエイティビティ・フェスティバルのPRライオンズの受賞作でも，2つ以上の要素を新しいコンテキストに生まれ変わらせる実例は枚挙にいとまがない。2017年のPRライオンズのグランプリを受賞した，アメリカの投資会社の「恐れを知らない少女」では，偏見や蔑視と戦う女性たちを応援するために，男社会の象徴であるウォール街の雄牛の像のそばに，あえて勇気に満ちた少女像を立てて大きな話題となり，SNSでの拡散や行動変容をもたらした。また日本から銀賞を受賞した，「セカンド・ライフ・トイズ」では，臓器提供への人々の否定的な態度と戦うために，再生させたぬいぐるみを使った。おもちゃのぬいぐるみが別のぬいぐるみの一部を使いかわいらしく再生することを通じて，人間の臓器提供も同じですというメッセージをさわやかに伝えた。これらの成功したキャンペーンの基礎には，クライアントの課題が何で，視聴者のインサイトが何で，それをどのようなアイディアで解決し，その展開をどのようにして，どんな結果をのこしたかが明確である。これは優れたアイディアを生み出す，戦略プランニングの結果である。論理的な方法論にのっとり，クリエイティブブリーフを使い，そのうえでクリエイティブの魔法を引き出すというキャンペーン開発がきちんとなされた結果である。パブリックリレイションズの分野で，クリエイティビティやクリエイティブブリーフの研究は，デジタル化の進む現代，その重要性を増している。

第3章

欧米と日本の
クリエイティビティ

1 欧米の美と日本の美

　日本のクリエイティビティと欧米のクリエイティビティに，はたして違いは
あるのか。欧米のクリエイティビティ研究者とこの問題について議論したとこ
ろ，大変興味のあるテーマなので取り組みを期待しているとの反応があった。
日本の広告は，かつてカンヌなどの国際的な広告賞を受賞するのは不利である
ということが言われていた。その理由として，国際的な共通語である英語で
元々つくられていないという点や，日本と欧米の文化や習慣の違いなどがあげ
られていた。

　本章では，広告クリエイティビティについて，①欧米人が考える万人に共通
の要素と，②日本の特徴と思われる要素に分けて議論を進める。その際，ロー
デスのクリエイティビティの4P，人（Person），プロセス（Process），環境
（Press），成果物（Product）を考慮に入れた。前章のクリエイティビティの
本質・特徴・クリエイティブブリーフの議論を受け，国や文化や歴史や風土や
経営によるクリエイティビティの相違という新しい問題意識に基づいている。
背景として，和辻（1935）の「人間存在の構造契機としての風土性」および，
日本人および日本文化の特質という観点も考慮した。

　人の心を動かす芸術の美について，高階（1991）は次のように指摘している。
西欧の美は，ギリシア・ローマの時代から，力強いもの，豊かなもの，理想的
なもの，つまり真や善に近いものであり，客観的論理的なものとしての性格を

図表3-1　欧米の美と日本の美

欧米の美	日本の美
力強いもの	小さきもの
豊かなもの	清浄なもの
理想的なもの	愛らしいもの
真・善・美に近い	自然に近い
客観的論理的性格	情緒的特徴

出所：高階（1991）を参考に筆者作成

持っている。一方，日本の美は，古来小さきもの，清浄なもの，愛らしいものであり，自然に近く，情緒的な特徴を持っている。広告はアート（芸術）と科学（戦略）の合体したものだと言われるが，高階の指摘は日本の広告を理解するために示唆に富むものである（図表3-1）。

　田中（1997）は，日本と西欧のデザインの違いについて述べている。西欧は論理的で構成的な文化であり，エレメント（要素）を集合させて納得のいくところまで修正を繰り返し練り上げていく。西欧文化の特徴は，説得力に満ちた構築性にある。一方日本文化の特質の１つに，構築性に乏しい点があげられると田中は主張する。日本人のもの創りは，直感，燃焼，集約といった作業が実に短時間に行われる点を指摘している。結果として日本文化はシンプルで，集約された形を特徴とし，それらは日本の伝統のあらゆるところに見ることができるとしている。

　クリエイティビティを表す成果物（Product）についてみていこう。

　欧米の広告，特にカンヌなど国際的な広告賞の受賞作や，アド・エイジが選んだ20世紀のトップ100の広告の上位20位などに特徴的なことは，その戦略性にある。広告やキャンペーンが，企業の課題が何で，ターゲットのインサイトが何で，解決策の中心となるアイディアが何で，その展開の工夫が何で，結果がどうであったかということが，きちんと説明でき誰にでも理解できる点である。これは，物事を論理的に考え，戦略を立て，そのうえでクリエイティブの魔法に任せるという，クリエイティブブリーフによる広告開発が定着している

からにほかならない。アド・エイジの20世紀のスローガンで１位になっている，デビアス社の「ダイヤモンドは永遠の輝き」についても，ダイヤモンドの特別な宝石としての価値を確立するために，ダイヤモンドに憧れを持つ女性達に，愛の象徴としてのダイヤモンドというアイディアを伝え，ダイヤモンドの販売を促進するという戦略が明確である。

　一方，日本の広告では，小林他（2008）によると，大手約50社のうち６割の広告会社にはアカウントプランニング（戦略プランニング）の組織がなく営業が代行し，クリエイティブブリーフは使われていない。日本の広告は，クリエイティブブリーフに基づかず開発されているものが半数以上なのである。広告批評（2001）の日本のコマーシャルベスト100のトップ20CMを概観した（図

図表３-２　アドエイジ誌20世紀のトップ10スローガンと広告批評20世紀トップ10テレビCM

	アドエイジ　20世紀のTop 10 Slogans（USA）		広告批評　20世紀のTop 10 テレビCM（日本）	
1	A diamond is forever	De Beers	ハングリー？	カップヌードル
2	Just do it	Nike	イエイエ	レナウン
3	The pause that refreshes	Coca-Cola	サル	ウォークマン
4	Taste great, less filling	Miller Lite	ランボー	サントリー
5	We try harder	Avis	クリスマスエクスプレス	JR東海
6	Good to the last drop	Maxwell House	卓球	サッポロビール
7	Breakfast of champions	Wheaties	サミィ・デイビス・ジュニア	サントリー
8	Does she, or doesn't she?	Clairol	アンクルトリス	サントリー
9	When it rains, it poures	Morton Salt	モウレツからビューティフルへ	ゼロックス
10	Where's the beef？	Wendey's	それなりに	富士フイルム

出所：Ad Ageウェブサイト，広告批評（2001）を参考に筆者作成

表3-2）。その結果，世界に通用するアイディアがあると認められるCMはわ
ずか3本だけで，日本語のコピーで訴えるものが5本，日本的なものが4本，
タレントCMが4本，キャラクターが2本，イメージやメッセージに訴えるも
のが2本であった。ここでいう日本的なものとは，浴衣や温泉，古都の風景，
小さきものへの愛情などである。日本の代表的なCMの特徴は，戦略性の薄弱
にある。課題や，インサイトや，アイディアがはっきりしないものが多い。西
欧人から見れば，何を言っているのかがさっぱりわからないということになる。
これは広告の創り方が，論理的でなく，つまりクリエイティブブリーフに基づ
かない広告開発が一般的であったことに，1つの大きな原因がある。

② 背景となる歴史・思想・文化

　丸山（1961）は，西欧にはギリシア・ローマの哲学から，キリスト教，デカ
ルト，パスカル，カント，ロックへと続く現代の世界を形成してきた西欧思想
という伝統がある。それらは座標軸にあたる思想的伝統であると主張している。
これに対して，日本思想史の包括的な研究は日本史や日本文化史に比較しても
著しく貧弱であり，ここに日本の「思想」が歴史的に占めてきた地位とあり方
が象徴されていると述べている。そのうえで近代日本人の意識や発想には，ハ
イカラな外装の影に深く隠されている日本的な考え方として次の点を指摘して
いる。仏教の影響による無常感。本居宣長が源氏物語について指摘した「もの
のあわれ」の思想。日本人古来の信仰にもとづく黄泉（冥土）の思想。それに
儒教的倫理観。なお儒教の影響は，第2次世界大戦後，家父長制の崩壊等で少
し弱まったと考えられる。

　次に日本人の特徴と思われる要素である。長年日本文化や文学を研究し，日
本国籍も取得したキーン（Keene, 2002）は，日本人の特徴として次のことを
あげている。日本人は繊細である点。次にすぐに散る桜や，悲劇的な歴史上の
人物など，はかないものに心惹かれる点。余白や余情でものを言う日本人のあ
いまいさ。また，礼儀正しく，清潔好きで，よく働く点をあげている。日本の

代表的なグラフィックデザイナーであった田中（1997）は，日本人の感性や風土性を世界に向かってどんどん発信していく時代になったと述べている。

次は日本の風土の特徴である。和辻（1935）は人間存在の構造契機としての風土性を，時間性と空間性，個人性と社会性，歴史性と風土性から考察した。彼は風土性の3類型を，モンスーン，砂漠，牧場とし，日本をモンスーンすなわち季節風と規定した。モンスーンとは暑気と湿気の結合である。水による恵みをもたらす自然と，大雨，暴風，洪水，大雪などをもたらす暴威をふるう自然を特徴とする。この地域の人間の構造は「受容的忍従的」すなわち，自然に耐え忍ぶ人々であるとした。モンスーン的風土の特質として，日本人の感情的洗練をあげている。一方西欧は類型では牧場，すなわち草原であるとした。ここは夏の乾燥期と冬の雨季にはっきりと分かれて，大雨や暴風の少ない人間に従順な自然が特徴である。ギリシア的な古代人の合理主義をもとに，自然が合理的である事から自然科学が発達し，西欧の合理主義の基礎となったと和辻は主張する。

③　欧米の経営と日本の経営

実務のクリエイティビティに経営方式の相違は影響を与えるのであろうか。

かつて第2次世界大戦後の経済成長を支え，ジャパンアズナンバーワンと言われた時代の日本企業の成功を説明する議論として日本的経営論がいわれた。日本的経営の特徴として，日本人の勤勉さを基礎としてまず第1に人事制度としての新卒一括採用・終身雇用・年功序列制度。第2に，意思決定制度としての稟議制度，すなわちボトムアップの意思決定制度とチームグループによる効率的な実務運営。第3に，労働制度としての，企業別組合制度や手厚い福利厚生制度があった。日本企業では，大学を出て入社した会社で定年まで勤めあげ，退職金をもらって老後を過ごす。若年のころは給料も安いが，年齢とともに地位も給料も上がるということがかつては一般的であった。一方欧米の企業の特徴としては，第1に人事制度としての，職務能力による実力主義による通年採

用制度。第2に，意思決定制度としての経営者やリーダーの強力なリーダーシップによるトップダウンの意思決定。第3に，労働制度としての産業別組合，個人と企業の契約による労働という違いがあった。欧米の企業では，一生のうちにより良い職や給料や地位をめざして転職することが一般的であった。

　日本のバブル経済の崩壊や度重なる自然災害，欧米のテロやリーマンショック，デジタル化の進展や感染症の蔓延などで，世界では格差の拡大や自然環境保護の重要性などが大きな問題となっている。日本的経営の議論を聞く機会も減ったが，日本の大企業や公官庁ではいまだに，一生を同じ会社や役所ですごす人々が多いのも事実である。

　欧米の企業の実力主義，職能主義の背景には，経済合理性の追求は正しい，自由競争社会がそれを支えているという考え方がある。そのために企業や団体は，競合他社に優位に立つために創造性を発揮し，革新的なイノベーションを起こして他社を圧倒すべきであると考える。GAFAと呼ばれるデジタル社会の巨大企業も，検索や，Eコマース，人のつながり，手のひらに持ち運べるすべてを含むデバイスなどを通じて，創造性から新しい価値を生み出し，他社の追随を許さない方法で成功を勝ち取ってきた。

　一方日本企業は，歴史的にいえば江戸時代からの商道徳「三方よし」に象徴されるように，売り手（企業）よし，買い手（消費者）よし，世間（社会）よしを旨として，長期的な安定と繁栄をみなで分かち合うという考え方がその行動の背景にはある。独り勝ちを戒め，みんなのこと社会のことをという考え方からは，1人が独創的な考えを伸ばしにくいし，それを認めない雰囲気が日本の社会や会社にはある。国際社会で勝ち抜くためにはこの考え方や，その背景にある日本的な経営スタイルにはいい面とマイナス面がある（**図表3-3**）。

図表3-3　日本の経営と欧米の経営

日本の経営	欧米の経営
新卒一括採用	職務による通年採用
終身雇用	比較的転職が多い
年功序列制度	実力主義
ボトムアップ意思決定	トップダウン意思決定
集団主義	個人主義
企業内労働組合	産業別労働組合

出所：筆者作成

4 広告・広報業のビジネス環境の相違

　欧米の広告会社では，クリエイティブ戦略を明文化したクリエイティブブリーフのフォーマットはほぼ100％の会社で存在し，その使用が義務づけられているところが大半である。カンヌなどの国際的な広告賞が論理的に説明でき，万人にわかりやすいのはそのためである。欧米のビジネス慣習である，クライアントと広告会社における１業種１社制がこの背景にある。

　先に小林他（2008）の調査で日本の広告会社では，６割以上でクリエイティブブリーフが使われていないことを示した。また2015年に実施した日本の大手広告会社の戦略プランナーに対する専門家インタビューで次のような回答があった。「わが社のプランニングの特徴は，個人商店主義。クライアント別，プランナー別にそれぞれのやり方がある」また「わが社の戦略立案は，フルカスタマイズビヘイビアです」そして，「外資は一神教，われわれは八百万の神」これら上位３社で日本の広告費の４割を占める日本の大手広告会社では，クリエイティブ戦略プランニングのための統一されたクリエイティブブリーフが使用されていないことを示している。日本の大手広告会社では統一された戦略プランニングのフォーマットによるクリエイティブ開発がなされていないところが大半である。これは欧米や，日本の外資系の広告会社のクリエイティブ戦略

図表3-4　日本と欧米の広告クリエイティブ開発プロセスの背景

	日本	欧米
ビジネス環境	一業種多社	一業種一社
クリエイティブブリーフ	統一フォーマットなし	統一フォーマットあり
文化の特徴の1つ	非構築的	構築的
人間の風土的特質	感情的洗練	合理主義
宗教的背景	八百万の神	一神教

出所：筆者作成

開発との大きな違いである。日本では，大手の広告会社は一業種多社制であり，同じ自動車業界の別の会社の仕事をすることもある。日本文化のあいまいさが，ここにも見受けられる。このようなビジネス環境では，秘密保持の観点からも，クリエイティブブリーフはなじまない。西欧の合理主義文化と，日本のあいまいさが特徴とされる文化の違いが見て取れる。日本と欧米の広告開発プロセスの背景についてビジネス環境，文化，風土，宗教の観点で**図表3-4**に示した。

　日本の主要な広告賞の1つにA広告賞がある。A広告賞は評価基準を公表しており次の3点があげられている。①広告はターゲットの心を動かしたか，②広告はクライアントの戦略をきちんと伝えたか，③広告はチャレンジングか，がそれである。一方欧米の主要な広告賞であるカンヌライオンズ，クリオ賞，D&AD賞などの応募要項には以下の要素の記入が必要とされる。①クライアントが解決すべき課題は何か，②ターゲットグループは誰か，③ターゲットのインサイトは何か，④中心となるアイディアは何か，⑤コアアイディアはどのように展開されているか，⑥顕著で測定可能な結果はどのようなものか，がそれである。これらに加えて，賞の評価基準として，広告に勇気があり，挑発的で，社会を動かしたかが問われる。クリエイティビティにおいて重要視されるのは，欧米ではアイディアが根本である。これに対し日本ではアイディアは必ずしも重要視されておらず，消費者の情緒に訴えたか共感を得たかが主に問われている（**図表3-5**）。

図表3-5　欧米と日本のクリエイティビティの比較

	欧米	日本
共通点	オリジナリティ，斬新さ，適切性，想像力，目的指向性，問題解決性	
	企業や団体の課題を解決し，実務にとり有用	
	開発プロセスに参加するすべての人の合意が必要	
相違点	アイディア重視	アイディアへの関心が低い
	明確さ，力強さ，戦略性	情緒的，共感重視

出所：筆者作成

5　欧米と日本のクリエイティビティ研究

　欧米のクリエイティビティ研究の多くは心理学者によってなされてきた。

　第1章でも取り上げたギルフォード（Guilford, 1950），マズロー（Maslow, 1987），ローデス（Rhodes, 1961），アマビル（Amabile, 1983）らが代表的な人々である。広告の世界に目をむけると，ジャーナル・オブ・アドバタイジング誌（Journal of Advertising, 2008 Winter）が「広告における創造性の特集号」を出している。この号の編集を担当されたのが，故セッサー博士とコスロー博士（Sasser et al., 2008）のクリエイティビティ研究の代表者である。巻頭の論文「広告クリエイティビティを必死になって探求する（Desperately Seeking Advertsisng Creativity)」では1972年から2008年までのクリエイティビティ研究の主要論文を分析し，クリエイティビティ研究の3つのPという考え方を示している。3つのPとは，①Person（人），②Place（環境），③Process（プロセス）のことである。先に紹介したローデス（1961）の4Pと比較するとProduct（広告成果物）が入っていない。クリエイティブ作品の評価はクリエイターに任せ，学者は介入しないという考え方であろうと思われる。クリエイティビティ研究には，アマビル（1983）が指摘しているとおり，客観的な判断と，主観的な判断の2つが必要である。その意味で，クリエイティビティ研究には3Pに追加して，Product（広告成果物）すなわちクリエイティブ作品の研究も

必要である。創造性研究は，創造的な人，創造性をはぐくむ環境，創造性を実現する過程，創造性を実現した成果物すべてを網羅する必用があるのである。

　これは論理と分析を主とする科学にはなじまない。論理的思考や数字の積み上げだけで，形式的に創造性が明らかになるというのは幻想でしかない。理論や論理は創造性の一部にはなり得ても，それだけで創造性が実現することはない。

　ジャーナル・オブ・アドバタイジング誌（Journal of Advertising, 2019, Jan.-Mar.）に2008年の創造性特集号を編集されたコスロー博士を含む現在の創造性研究の第一人者ウエスト博士ら（West et al., 2019）が「広告クリエイティブ研究の将来の方向性（Future Directions for Advertising Creativity Research）」という論文を発表されている。2012年から2018年にかけての広告クリエイティビティ関連の38本の主要論文を分析された結果である。そのなかで将来のクリエイティビティ研究の 2 つの方向性を示されている。それは，クリエイティブ開発と，クリエイティブの効果測定の 2 つである。クリエイティブ開発に関しては，デジタル化の急速な進展のなかで，個人のクリエイター，クリエイティブ部門，広告会社の組織全体がクリエイティブ開発にどのような影響を与えるのかを追求していくべきだとしている。また，クリエイティブ効果測定に関しては，何が優れたクリエイティブ作品かを判断することの困難さが増すなかでの，広告クリエイティブ評価システムの確立と，よい表現とは何かを理解することの重要性を述べている。

　興味深いのは，2008年では3Pのなかに入っていなかったProduct（広告クリエイティブ）に関しての評価や，優れたクリエイティブは何かを，デジタル化の進んだ今こそ重要だと考えていることである。日本の広告学会，広報学会，消費者行動研究学会などで，クリエイティビティに関する議論を見かけることは非常に稀である。新製品を開発している企業の方々，新サービスを開発している開発者の方々，デジタル化で新しいシステムに挑戦している方々など，現在の日本でも創造性が必要とされていることは間違いない。創造性とは何か，創造性にはどのような要素が含まれるのかを第 I 部では見てきた。創造性の実現には何が必要か，次章以下でさらに議論を深めていきたい。

アカウントプランニングの歴史
（クリエイティブ戦略史）

第4章

アカウントプランニングの起源を探る（米国）

1 アカウントプランニングとは

　アカウントプランニングは，深い消費者理解に基づくクリエイティブ戦略の立案によって，優れた広告クリエイティブを開発することを広告戦略全体の中心に置く，広告会社における制度である。1968年にスティーブン・キングとスタンリー・ポリットによってほぼ同時期に発案されたアカウントプランニングは，コンシューマーインサイト（消費者の本音）と，クリエイティブブリーフ（クリエイティブ戦略フォーマット）を2つの特徴としている。アカウントプランニングの起源についてキング（King, 1989）は，「広告は常に計画され，キャンペーンは常に事後に結果を分析されてきた」と述べている。またキングは，ジェイムス・ウェブ・ヤング，クロード・ホプキンス，ロッサ・リーブス，デイビット・オグルビー，ビル・バーンバックらは，すべて優れた戦略プランナーだったとも主張している。彼は，過去の優れたクリエイティブの天才たちの頭のなかには，自身がアカウントプランニングによって確立したのと同じ方法が，すでに存在したことを認めている。それらはいったいどのような方法だったのであろうか。本章では，アメリカにおけるアカウントプランニング以前の広告クリエイティブ戦略がどのような発展を遂げてきたのかを，広告会社の歴史とともにさかのぼり明らかにする。

　近代の広告はその誕生から，企業や個人や団体の課題を解決するために，さまざまな媒体を使って，対象となる人々に，有料で，情報を伝えたり，共有し

たりすることによって，人々の心を動かして，人々にその商品やサービスの購入や使用を促すための活動であった。広告クリエイティブ戦略の一番の中心も，いかに人々の心を動かすかにある。そのために本論では，人の心の本質を研究する学問である心理学の広告クリエイティブ戦略への影響についても言及する。岸（2004）は「広告研究は心理学とマーケティング研究を横断しながら科学化を推進してきた」と指摘している。また小林（2000）は，初期の心理学を広告に応用したスコットに関する論文のなかで，「今日の広告が社会や歴史の中でどのように成立してきたかを知る必要がある」と主張している。

　本章では，サンデージ（1975）のアメリカにおける広告会社の歴史的発展段階を元に，時代を4期に分けて論を進める。第1期が，1880年以前の初期成長期・卸売期である。この時代の主要なメディアは新聞であった。第2期が，1880年から1917年のセミサービス期である。この時期，主要なメディアとして雑誌が本格的に加わる。第3期が，1917年から1941年の，フルサービス前期である。この時代，新しいメディアとしてラジオが加わった。第4期が1941年から1968年のフルサービス後期である。この時代には，テレビが主要メディアとして発達し，アカウントプランニングが誕生する。

　研究方法として，各々の時期を3つの観点から分析していく。第1の観点が，社会経済的背景とメディアである。それぞれの時期が，資本主義の発展のなかでどのような段階にあり，また広告メディがどのような状態であったのかを明らかにする。第2の観点が，広告クリエイティブ戦略に影響を与えた思想や考え方である。広告の巨人たちの著作や，その時代の心理学の広告への影響にも注目する。第3の観点が，それぞれの時代の具体的な広告クリエイティブ戦略と，実際の優れた広告の分析である。

　最後に，本章の問題意識を整理しておく。アカウントプランニング成立以前の，広告クリエイティブ戦略とはどのようなものであったのか。キングの指摘する広告の巨人たちの頭の中にあった，プランニングの方法論とはどのようなものなのか。人の心の本質を研究する心理学は，広告クリエイティブ戦略にどのような影響を与えてきたのか。それぞれの時代の，具体的な広告クリエイ

ティブ戦略（フォーマット）とはどのようなものだったのか。その戦略は，それぞれの時代を代表する広告にどのように生かされたのか。時代の動きのなかで，メディアや広告クリエイティブ戦略や，それに影響を与えた思想がどのような現れ方をしてきたのかを明確にするために，毎回年表を作成した。第1回は，1880年以前の初期成長期・卸売期と，1880～1917年のセミサービス期である。

② 初期成長期・卸売期（～1880年）

図表4-1　初期成長期・卸売期の年表

1690	アメリカ初の新聞発行
1735	アメリカ初期の新聞広告
1741	アメリカ初の雑誌発行
1830	アメリカ初の鉄道開通
1841	アメリカ初の広告会社設立
1869	ローウェル新聞料金カタログ
1869	エイヤー社がオープンコントラクト導入
1880	初のコピーライター登場

(1)　社会経済的背景とメディア

①　農村中心社会アメリカの広告メディア

　アメリカの独立宣言は，1776年である。アメリカで最初の新聞が発行されたのは，それより86年前の，1690年9月にイギリスの植民地時代に，マサチューセッツ州ボストンで月1回発行された「Publick Occurrences」（社会の出来事）とされている。サンデージ（Sandage, 1975）は，アメリカの新聞広告は1700年代に始まったと主張しており，1735年にベンジャミン・フランクリンの新聞に掲載された文字だけの，フィラデルフィア近郊の大農園の広告を紹介している。1865年に終了した南北戦争以前は，アメリカの広告はほとんど目立たない

存在で，店頭の看板やチラシや，田舎や都市の小売店や工場の告知レベルのものであった。農村中心社会アメリカの時代，広告はまだまったく取るに足らないものであった。

　1869年ジョージ・ロウエルにより「アメリカ新聞案内」が出版される。アメリカ中の新聞の部数と，スペースと，価格が一覧できるものが出現した。ロウエルは新聞広告のバルク売り（束売り）を開始する。それまで，定価もなく部数もあいまいだった新聞の広告取引を「1インチのスペース，1カ月，100紙，100ドル」で販売を始めた，これはスペースブローカーでしかなかった広告会社を，広告主と新聞社に対して主導権をとれる立場にする画期的なものであった。

② 社会経済的背景

　1820年の世界の工業生産に占めるアメリカの割合はわずか10％で，イギリスの50％，フランスの15〜20％から大きく後れをとっていた。イギリスで1760年代にはじまった産業革命は，アメリカでは綿工業で始まったばかりであり全土に拡大していない。アメリカはいまだに，農業中心の国家であり，新聞もすべて地方紙で，全米をカバーするメディアはまだ現れていない。だが近代化と工業化は少しずつ始まっていた。1807年，フルトンによる蒸気船の実用化が成功する。1825年にはエリー運河が開通し，エリー湖畔のバッファローとニューヨークが結ばれる。また1830年には，ボルチモア・オハイオ間に最初の鉄道が誕生する。この時代大半が農民であった人々の価値観は，自分達のホームタウンを中心としたもので，自分の属するキリスト教の宗派に影響をうけたものであった。そんななか，1841年に，ボルニー・パーマーによってアメリカで最初の広告会社がフィラデルフィアで誕生する。

⑵ 広告クリエイティブ戦略に影響を与えた思想・考え方

　1776年のアメリカの独立宣言には，人はすべて平等であり，誰にも譲ることのできない権利としての，生命，自由，幸福の追求が明記されている。またア

メリカには，独立以来の基本的価値である，独立自営，機会均等，自由競争，成功といった考え方が根づいていた。この背景にあったものは，アメリカの大地が居住可能で耕作可能な広大な国土であり，そこで働く農民達こそがこの時代のアメリカを支えていた事実である。農村中心社会アメリカの時代である。この時代，広告クリエイティブ戦略に影響を与える思想や考え方は，まだ現れていない。

　わずかに，1880年フィラデルフィアの百貨店創業者ジョン・ワナメーカーが，広告はニュースだという信条をもち，最初のコピーライターといわれるジョン・パワーズを使って広告を制作している。彼は「広告は世人に何かを知らせるだけでなく，その商品を世人が話題にするように仕向けるものでなくてはならない」と主張している。

⑶　この時期の広告クリエイティブ戦略と広告の特徴

　プレスベリー（Presbery, 1929）は，1890年以前の広告会社の機能は，単純に広告スペースを買い注文どおりに広告が出稿されたことを確認することだったと指摘している。ただ，広告会社は，広告主の成功と，ビジネスの手段としての広告が広く受け入れられることに，当然興味を持っていた。サンデージ（Sandage, 1975）は，1735年にベンジャミン・フランクリンの発行していた新聞に掲載されたごく初期の新聞広告を紹介している。その文字だけの広告は，販売用の農園に関するものであり，次のような内容である。「300エーカーの良い土地付きの大農園，30エーカーは開墾済み，10〜12の牧草地（良質の英国産牧草），家屋と納屋，フレンチフリークの上流，フィラデルフィアから30マイル，問い合わせはM. サイモン（居住中）まで」がそれである。

　1870年代には，N.W.エイヤー社がクライアントと広告会社のオープンコントラクトを導入する。これはクライアントの指定広告会社として長期の契約を結び，掲載料とコミッションをオープンにするというものだ。この制度も，欧米の広告業の商習慣として定着していく。1866年に掲載された新聞広告をサンデージが紹介している。これは，南北戦争後の負傷兵や，精神を病んだ人々の

ための医薬品の広告である。文字だけの広告に交じり，より目立つように，より効能がわかりやすいように，イラストが使われ始めている。しかし1880年以前の新聞を中心とした広告には，広告クリエイティブ戦略と呼べるものはまだ存在しない。プレスベリー（Presbery, 1929）は，広告会社にアート部門が設立され始めたのは1900年頃，調査部門が設立され始めたのは1910年頃だと指摘している。この時代は広告会社に，クリエイティブ部門も，調査部門もまだなかった時代である。

3　セミサービス期（1881～1917年）

図表4-2　セミサービス期年表

1889	トンプソン30誌リスト
1898	ルイスAIDA
1900	広告会社にアート部門登場
1908	スコット広告心理学
1912	リーソーＴスクエア
1913	チェリントン著作
1913	ミュンスターバーグ著作

出所：筆者作成

(1)　社会経済的背景とメディア

①　農村から都市アメリカ時代の広告メディア

19世紀末から20世紀初頭にかけてのアメリカは，近代から現代への大きな変化の時代である。この時代最も発達したメディアは雑誌である。サンデージ（Sandage, 1975）はアメリカの雑誌数が，1865年の700誌から，1885年には3,300誌へと，20年間で5倍近く増加したと述べている。代表的な雑誌の1つ，センチュリー誌の年間広告ページ数も，1870年の100ページから，1890年には1,000ページを超える。20年で10倍の伸びである。1865年から1890年は，雑誌広告成長の時代であった。

写真4-1　トンプソン社のリーディングリスト

出所：マニング（Manning, 1989）

　サンデージ（Sandage, 1975）は，トンプソンが雑誌広告におけるパイオニアであったと指摘している。彼は，ローウェルが新聞でやったバルク買いを雑誌で応用する。雑誌社を説得して，広告する雑誌を増やしていった。全米の主要雑誌の80%はトンプソン社を通じて掲載されており，この当時の有力30誌を独占販売していたリーディングリスト（写真4-1）が残っている。アメリカの新聞は地方をカバーするにすぎず，全米をカバーする唯一のメディアとして雑誌が急成長した。

②　社会経済的背景

　この時期「農村から都市へ」の動きが各地で進行する。1880年総人口に占める農村人口の割合は43.8%であったが，1920年には30.1%に減少する。逆に都市地域の人口は，1880年には28.2%でしかなかったが，1920年には51.2%となり半数を超える。1869年の大陸横断鉄道の開通と，移民の増加とも相まって，急激な都市化，工業化が進行した。これに伴い，急激に進む工業化，産業化で購買力をつけた消費者が登場し，さまざまな製品や，ブランドが市場にあふれてきた。

　現代アメリカを代表するビックビジネスも，この時期合併などにより次々と誕生する。1882年には，ロックフェラーのエクソン・スタンダードオイルが設

立。1892年にはエジソンのゼネラル・エレクトリックが，1901年にはUSスチールが設立された。1890年には，西部の開発は著しい勢いで進行し，フロンティアが消滅した。1880年に世界の工業生産に占めるアメリカとイギリスのシェアはともに28％で首位を分け合っていたが，1920年にはアメリカが47％，イギリスが14％と逆転する。第1次世界大戦をはさんで，アメリカは世界一の工業国へと駆け上がっていく。

(2)　広告クリエイティブ戦略に影響を与えた思想・考え方

①　アメリカ心理学の父：ウィリアム・ジェイムス

　1890年，ウィリアム・ジェイムスが『心理学原理』を発表する。社会心理学者の南博（1974）は，心理学の歴史で最も重要な1冊をあげるならこの著作になると述べている。バートランド・ラッセル（Russel, 1970）は『西洋哲学史』のなかで，ジェイムスに1章をあて，「1890年に出版されたこの主題に関する名著は，可能な限り最高度に卓越した内容をもっていた」と主張している。またアトキンソン（Atkinson, 2000）は，アメリカで普及している心理学の教科書で，現代心理学の確立に貢献した3人として，ジェイムスと，後述するワトソン，フロイトの3人をあげている。

　ジェイムス（James, 1892）は「心理学の定義は（中略），意識状態そのものの記述および説明というのが最もよい。意識状態とは，感覚，欲望，情動，認知，推理，決断，意志などのようなもののことである。もちろん説明というからには，その原因，条件，および直接の結果などを，確かめることができる限り研究しなくてはならない」と主張している。ジェイムスの考え方の特徴は，従来のドイツ心理学における不変の単位としての単純感覚の概念をうちやぶり，「意識の流れ」に注目したところにある。ジェイムスは心理学にとっての第1の事実は「何らかの思いが進行している」ことだと主張する。ジェイムスの心理学の定義のなかに，後に広告心理学で重要な意味を持つ，認知，情動，欲望，決断，意志などがすでに含まれていることに注目したい。

　1895年，ジェイムスの著作の5年後に，「プリンターズ・インク」誌に次の

ような記事が出る「人間がもう少し啓発されることがあれば，広告文案家（コピーライター）は教師のように心理学を勉強するだろう。少し見たところではこの2つの職業は別種のものと思われるかもしれないが，実は<u>人間の心に働きかける</u>という，偉大なる共通の目的をもっているのである」。また1901年のパブリシティー誌は，「遠からずして広告文案家（コピーライター）は，心理学の知識が無上の利益であるということを自覚するだろう」と述べている。ジェイムスの著作の後，心理学を広告に利用できるのではないかという考え方が広まっていった。

②　広告心理学の先駆者：ウォルター・D・スコット

　1904年，後の心理学と広告に大きな影響を与えた出来事が起こる。パブロフが条件反射理論によってノーベル生理学医学賞を受賞したのである。これに刺激を受けた心理学者は大勢いた。スコットは1903年に『広告理論』を1908年に『広告心理学』を発表している。『広告心理学』の序文で，スコット（Scott, 1913）は「1901年以前にビジネスの世界に心理学を有用な形で活用しようとした者はいなかった」と述べ，自分が広告に心理学を初めて活用したと主張している。知覚，記憶，感情および情緒，意志と分析，などの章が主なもので，まず心理学の理論を述べ，その後に広告への応用を試みている。意志と分析の章では，広告主が顧客の意思決定を促すための基本的な5つのプロセスを提示している。①達成できる目的に関する2つ以上のアイディア，②目的を達成する手段についてのアイディア，③いろいろな目的への価値やふさわしさに関する感覚，④最後に，それぞれの目的の価値と，手段の困難さに関する比較，⑤1つの目的の選択と，それを達成するための努力，がそれである。スコットは1900年代の初めに，後の広告購買プロセスモデルに近いものを発表している。スコットは雑誌広告の調査や，コピーのインパクトテストの実例も紹介している。スコットは応用心理学の発展に貢献したが，心理学を広告に活用しようとする努力は，これに続く人々に受け継がれていく。

③　産業心理学の父：ミュンスターバーグ

　1892年に，ウィリアム・ジェイムスの招きでドイツから渡米し，ハーバード大学の心理学教授に就任したのがミュンスターバーグである。ミュンスターバーグは産業心理学の父と言われ，後にアメリカ心理学会の会長もつとめた。ミュンスターバーグ（Munsterberg, 1913）は1913年の，『心理学と産業能率』において，心理学の産業への応用は，最良の人，最良の仕事，最良の効果の探求を課題とするものであるとした。この最高の効果のなかに，広告の効果が含まれており，その後の心理学の広告効果分野への発展という方向はミュンスターバーグによって決定づけられた。

　ミュンスターバーグは広告について，「われわれにとって広告とは，簡単にいうと，人の心に影響を与えることによって人間の要求を満足させるために組み立てられた手段（方法）のことである」と主張している。彼は，はっきりと人の心に影響を与えることが広告の目的であることを明記している。また広告が人類の産業のなかで，最大のそして最も重要な経済活動の１つになったとも述べている。また，注意深い心理学実験により，印刷広告における，注意の価値，暗示の価値，記憶の価値が明らかになったとも主張している。また自らの行った心理学を応用した調査により，無意識に広告を記憶させるには，①理解のしやすさ，②生き生きとした印象，③繰り返し見せること，が重要であるとも述べている。

④　ビジネスの推進力としての広告：ポール・チェリントン

　1913年ハーバード大学教授のポール・チェリントン（Cherington, 1913）によって『ビジネスの推進力としての広告』が発表された。アメリカ広告クラブという，シカゴ，セントルイス，シンシナティの広告業者が中心の広告業の団体の教育委員会の依頼である。この本の目的は会員社のために広告の仕事に関する知識と技術の情報を提供することであった。この団体は，４年後に現在も活発に活動するアメリカ広告業協会（4A）へと発展していく。内容は，小売店で販売されている商品について，いかに広告活動が予定した売上の達成に貢

献したかの具体的な記録と，今日の広告の問題点と方法に大別される。目次には，流通システム，メディア，広告と消費者，小売店，卸店，メーカーと広告，トレードマーク問題，価格の維持，広告コスト，広告マネージャーなど，現在にも通じる内容が並んでいる。1880年以前の広告は取るに足らないものであり，クリエイティブ戦略も不在の時代であった。しかし，30年後にはアメリカの広告をとりまく環境が大きく変化したのが見て取れる。

　広告と消費者の章に，100年前と1911年当時の消費者および消費財への態度の変化についての記述がある。1811年（農村中心社会アメリカ）当時，消費者は町の商店に石鹸を買いに行く。そこには1種類の石鹸しかない。ところが100年後の1911年にはどうなっていたか，チェリントンはプリンターズインク誌の記事を引用する。「消費者は商品を購入する時に選択をする。彼は彼自身の個性を主張する。彼は商品の非常にわずかな違いについて，好きか嫌いかを表現する。彼は似たような製品ブランドと別のブランドのどちらがよいかを評価する。彼は自分が本当は何が欲しいかを見抜く事ができる。そしてそれを手に入れる」。チェリントンは，広告が消費者にこの選択をすることを可能にしたと主張する。1911年，都市に住む消費者は，小売店に石鹸を買いに行く。そこには，ピアーズ，ウイリアムズ，アイボリー，パッカーズ，コルゲートの石鹸が並んでおり，それぞれの価値を主張し，論理に訴える便益を主張している。チェリントンは，100年にわたる広告の結果，消費者は選択の幅が広がっただけでなく，消費者自身を目利きにしたと主張している。この「目利き」がキーワードである。

　すなわちその商品についてよく知っている人の登場である。こうして，現代に通じる，大量生産の下での，見る目を持った消費者が広告の助けを借りて，広がっていった。チェリントンは，消費者が好むブランドとなるために，広告には最高のアートを使い，好感や，選んでもらう理由を醸成すべきだとも主張している。これはのちに広告クリエイティブ戦略のなかで，好意度をあげる，共感を得るという部分につながっていく。

(3)　この時期の広告クリエイティブ戦略と広告の特徴

①　エルモ・ルイス：AIDA

　1898年セールス・カウンシルのエルモ・ルイスにより初の広告効果階層モデルが発表される。AIDAである。ルイスは1951年にアメリカ広告殿堂入りをしているが，今日標準となっている広告の方法論のパイオニアで，広告の科学的アプローチに貢献したと紹介されている。彼は「広告の使命は読者を魅了すること，そうすることで人は広告を読み始める。そして興味を持ちさらに読み進める。そして納得させる。さらに信ずるに至る」と主張している。また後年ルイス（Knoeppel & Lewis, 1933）は「われわれの広告は，可能性がある市場の人々の心を，自社の商品のほうに効果的に向かせることができるか」と問いかけている。彼はビジネスで一番大切なことはセールスであり，クライアントの商品の販売を促進し結果をのこすための広告という考えの持ち主であった。

　AIDAのモデルは，認知的反応が注意（Attension）と興味（Interest），情緒的反応が欲望（Desire），行動的反応が行為（Action）となっている。ジェイムスの心理学にあった，認知，情動，欲望，決断・意志といった要素がこのモデルにも影響を与えていると考えられる。ただ，AIDAモデルは，広告クリエイティブ戦略ではない。広告クリエイティブ戦略に必要な，「誰に，何を，いかに言うか」という要素が含まれていないからである。

②　スタンレー・リーソーの「Tスクエア」

　1912年スタンレー・リーソー（写真4-2）は，現存する最も古い広告クリエイティブ戦略である，Tスクエアを発表した。それは，5つの質問から構成されている。①われわれが販売するものは何であるか，②われわれは誰に対して販売するのか，③われわれはどこで販売するのか，④われわれはいつ販売するのか，⑤われわれはどのように販売するのか，がそれである。商品やサービスの特徴，ターゲットとなる消費者，流通や販売チャネル，販売の時期，販売促進や広告の方法が押さえられている。リーソーは，これらの質問に答えるこ

写真4-2　スタンレー・リーソー

出所：デューク大学ルービンシュタインライブラリー

とにより広告会社はまず，扱う商品やサービスのビジネスの真の課題を，クライアントと同じレベルで理解しなくてはならないと述べている。彼の広告会社では，すべてのキャンペーンの開発にあたり，プランニングの方法として，これらの質問に答えることが必須であった。リーソーの信条は，「広告は科学である」である。広告にできるだけ客観的な判断材料を準備しようとした。

　リーソーは，アメリカ広告業協会（4A）の設立メンバーで，1923年には4A会長も務めている。彼は優秀な人間を使いこなすことで定評があり，オグルビー（1983）は著作のなかで，現代の広告を築いた6人の巨人として，クロード・ホプキンス，ビル・バーンバック，レイモンド・ルビカム，レオ・バーネット，アルバート・ラスカーとともにリーソーを紹介している。リーソーの元には，後に広告史に名を残す，ジェイムス・ウェブ・ヤング，ジョン・ワトソン，先述のポール・チェリントンなどが集まりアメリカの広告の発展に貢献していく。

　このプランニング手法は，キングがアカウントプランニングを開発するまで，リーソーの会社で約50年間使用されていた。この間リーソーの広告会社は，1927年にアメリカで売上1位となり，その後約50年間その地位を守った。Tスクエアは少なからず，これにも貢献した。

　後のクリエイティブブリーフとTスクエアを比較すると，Tスクエアに含ま

れる要素はすべてクリエイティブブリーフには含まれている。クリエイティブブリーフにあって，Ｔスクエアにない要素は，コンシューマーインサイトと，広告の役割と，消費者の最も大切な反応の3点である。この時代のコンシューマーインサイトと，広告の役割と，消費者の最も大切な反応は天才クリエイターの頭のなかで組み立てられ，実際の広告に生かされていた。この時代の実際の広告の例を次に見てみよう。

③　ヘレン・リーソー：ウッドベリー石鹸の広告

　ヘレン・リーソー（**写真4-3**）は女性のコピーライターである。オグルビー（1983）は，ヘレンのことを「彼女は，アメリカで最も優れたコピーライターの1人である」と述べている。ヘレンは，リーソーの妻でありビジネスのパートナーでもあった。営業を担当した夫と，クリエイティブを担当した妻。アカウントプランニング誕生以前の，クリエイティブ戦略開発は長きにわたり，この営業とクリエイティブの2者で実施されてきた。調査部門の役割は，あくまで営業とクリエイティブのために有効な数字やデータを提供することでしかなかった。

　ヘレンの信条は，「広告は魔法である」である。広告により，人々の心に不思議な魔法をかけ，人々を商品やサービスにいざなうこと。シブルッカ

写真4-3　ヘレン・リーソー

出所：デューク大学，ルービンシュタインライブラリー

（Sivulka, 1998）は，ヘレンは広告にエモーショナルなアピールを導入したと指摘している。1913年のヘレンのウッドベリー洗顔石鹸の広告（**写真4-4**）は，セックスアピールを初めて使用した広告として有名である。20世紀をつくった広告クリエイター50人海外編にも紹介されている（天野他，2014）。ヘッドラインには「あなたが愛して触れたくなる肌」とある。愛する人にアピールしたい女心をついたコピーである。インタビューに答えてヘレンは「私は広告に，女性の立場でのものの見方を，付け加えることができます」と答えている。Tスクエアに基づき，この広告のクリエイティブ戦略を分析してみよう。

　①製品の種類：洗顔石鹸。②対象者：自分の愛する男性に自分を魅力的に見せたいと願っている女性。③購入場所：少し大きな町や都市の商店。④購入時期：必要な時にはいつでも購入できる。⑤製品特徴：肌に潤いと張りをもたらす香りのよい洗顔石鹸。

　Tスクエアの5点以外の現在のクリエイティブブリーフに後に書かれるポイントは，ヘレンの頭のなかにあった。それを再現してみよう。消費者インサイト：現在のものより優れた洗顔石鹸があれば彼にもっと私の魅力に気づかせられる。広告の役割：他の洗顔石鹸にない愛される女性になれる魅力を訴求し店頭での購入につなげる。大切な反応：ウッドベリー洗顔石鹸を使えばきっと彼により愛されるに違いない。キングの言うように100年以上前から，広告の天

写真4-4　ウッドベリー石鹸の広告

出所：マニング（Manning, 1989）

オクリエイターたちの頭のなかには，後にアカウントプランニングで確立された
ものと同様の手法がすでに使われていたのである。スタンレー・リーソーと
ヘレンは，1967年2人揃って，アメリカ広告殿堂入りを果たしている。

⑷　初期成長期・卸売期・セミサービス期のまとめ

　1880年までの「農村中心社会アメリカ」の時代，広告メディアは町や地元の
新聞か商店のポスターやチラシぐらいのものであった。サンデージの言うよう
に，広告は社会にとり取るに足らないものであった。産業革命が南北戦争後急
速に進み，工場ができ衣類や日用品の種類が増えていく。1841年最初の広告会
社がパルマーによってフィラデルフィアに設立されるが，クリエイティブ部門
も，クリエイティブ戦略もまだ存在しない。1869年ローウェルが「新聞料金カ
タログ」を発表し，同年N.W.エイヤーがオープンコントラクトを開始し，広
告会社の基礎ができていく。1880年最初のコピーライターが登場する。

　1880〜1917年は「農村から都市へ」の時代であった。大陸を横断する鉄道が
発達し，西部へむけて新しい都市と町ができる。大量のヨーロッパからの移民
を受け入れ，都市の人口が農村の人口を上回る。彼らは，労働者となり新しい
タイプの消費者になる。第1次世界大戦をはさみ，現代のアメリカを代表する
ビッグビジネスが設立され急成長をとげる。1890年代，初の全国メディアとし
ての雑誌が発達する。表4広告（雑誌の裏表紙広告）が生まれ，主要雑誌の表
4広告に掲載される広告が女性の心をとらえていく。広告により，人々は新し
い商品（ブランド）を知り，それを選択するようになる。1910年代には，目利
きで商品やブランドをよく知った消費者が誕生する。1890年頃からアメリカで
も心理学が盛んになり，1900年代に入ると広告への心理学の応用が始まる。
1898年ルイスによりAIDAが発表され，広告と心理学の理論化も進行する。

　1900年代に広告会社にアート部門が誕生し，すでに存在したコピーライター
とともに，クリエイティブ部門へと発展する。1910年代には調査部門が誕生す
る。1912年には，広告会社で初のクリエイティブ戦略であるTスクエアが開発
される。この戦略を使った，天才女性コピーライターによる，広告史に残る女

性へのセックスアピールを訴求した広告も誕生した。

4　フルサービス前期（1918〜1940年）

図表4-3　フルサービス前期の年表

1917	アメリカ広告業協会設立
1917	フロイト精神分析学入門
1918	ヤングオドロノ広告
1922	アメリカ初のラジオCM放送
1923	ホプキンス科学的広告法
1924	ワトソン行動主義の心理学
1926	米NBC設立
1927	米CBS設立
1927	スターチ広告の原理
1927	リンドバーグ大西洋無着陸横断
1929	世界大恐慌
1933	ニューディール政策開始
1935	ニールセン聴取率調査開始
1939	ドイツポーランド侵攻
1939	NBCテレビの定時放送開始

出所：筆者作成

⑴　社会経済的背景とメディア

①　都市中心の大衆消費社会とメディア

　1918年に第1次世界大戦が終結する。戦争で荒廃したヨーロッパの復興需要にアメリカは湧く。この時代，技術革新と産業の高度化により人々のライフスタイルが変化し，成長産業として，自動車，電話，ラジオ，映画，広告が大きな伸びを示した。1920年にラジオの実験放送が始まり，1922年にはアメリカ初のラジオCMが放映される。1926年にはNBCが，1927年にはCBSが開局する。

　ラジオの普及により，人々は同じニュース，音楽，ドラマ，CMを聞き影響を受けるようになる。国民の得る情報の画一化が進んだのである。CBSの創設者ペイリーは，番組というソフトで勝負をするために，NBCから人気タレントを次々と引き抜いていく。ペイリーは，放送とは電波でも放送局でもなく，タレントであるという信念の下業績を伸ばしていく。彼は聴取者は，放送局でなくタレントにダイヤルを合わせるという放送の特色を誰よりもよく理解していた。これにより，CBSを利益トップに押し上げ，1950年代のテレビ時代にはほぼ20年間視聴率競争で首位を守った。

　新聞は，第1次世界大戦後，合併，統合，閉鎖が相次ぎ，大資本を持つ新聞社が力を持つ体制に変化していく。また戦争報道への特派員の派遣などで力をつけたUPやAPといった通信社からニュースの配信を受ける効率的な報道体制も進んでいく。また雑誌は，アメリカ経済の成長と，消費財の流通改革により，広告量が増え雑誌出版にも大きな影響を与える。全米の雑誌広告費は，1919年の949万ドルから，1940年には1,510万ドルへと増加した。

②　社会経済的背景

　1920年代のアメリカは，「黄金の20年代」と呼ばれている。アメリカの世界の工業生産に占めるシェアーは，1920年には47％に達する。1920年代に国民所得は約3割増加し，人々は生活必需品以外を買うことができる可処分所得を手にする。1908年に生産を開始したT型フォード車は，安価な移民の労働力を生かし，互換部品制と流れ作業に基づく大量生産方式を採用して，勤労者にも手の届く価格を実現し販売を拡大していく。1920年に年間191万台であったアメリカの自動車生産は，1929年には445万台に増加する。国民の5人に1人が自動車を所有する車社会の到来である。

　1927年には，チャールズ・リンドバーグが大西洋無着陸横断飛行を成功させる。自動車や航空機の普及でエネルギー革命が起こり，スタンダードオイルなどの石油会社が，石油による巨大な富を蓄積していく。だがウェーバー（Weber, 1920）は，「今日営利の最も自由な地方であるアメリカ合衆国では，

営利活動は宗教的倫理的な意味を取り去られているために純粋な競争の感情に結びつく傾向がある」と指摘した。そして倫理観を失い，欲望のたがの外れた資本主義の行く末を，「精神のない専門人，心情のない享楽人。この無のものは，かつて達せられたことのない人間性の段階にまですでに登りつめた，とうぬぼれるのだ」と警告を発していた。

　1929年10月，暗黒の木曜日は突然にやってくる。ウォール街で株価の大暴落があり，世界大恐慌が始まった。直前のピークである1929年と比較すると，1933年にはアメリカの国民所得は半分に，貿易は4分の1になり，失業者は1,400万人をこえた。ケインズ（Keynes, 1933）は大恐慌の後，「われわれが今そのただなかにいるグローバルでかつ個人的な資本主義は成功ではなかった。それは知的でなく，美しくもなく，公正でもなく，道徳的でもない。そして善をもたらさない」と述べている。

　サンデージ（Sandage, 1975）は，大恐慌によりアメリカの広告費は1年で25％減少し，1933年までに広告ビジネスは3分の1の規模に縮小したと指摘している。所得が減り，職を失い，借金に苦しんでいる人々を説得するために現れたのが，ハードセル型とリーズンワイ型の広告である。1933年大恐慌から抜け出すために，F.ルーズベルト大統領が就任する。ニューディール政策の開始である。1930年代は大恐慌からの脱出と，その先のファシズムの台頭の時代であった。

⑵　広告クリエイティブ戦略に影響を与えた思想・考え方

①　アメリカ広告業協会の設立

　第1次世界大戦が終わりに近づいた1917年，アメリカ広告業協会（4A）が設立された。協会は3つの大きな目的をもっている。①広告ビジネスを育成し，強化し，改善すること。②広告の社会における存在理由を前進させること。③メンバーの広告会社がより効率的に利益を上げて運営できるように助けること，である。1927年の設立10周年の記念大会には，時のアメリカ大統領クーリッジが出席しスピーチをした。

　設立の年には，広告会社の行動基準（憲章）を定め，1931年にはクリエイ
ティブコード（クリエイティブ倫理基準）を発表している。1917年の憲章では，
クリエイティブの基本方針として「情報として価値があり建設的な広告やマー
ケティングコミュニケーションのアピールを主張すること。そして，正直さ，
公正さ，品の良さを厳守すること」を定めている。これが20世紀のアメリカの
広告全体の倫理基準となっていく。また，広告とマーケティングコミュニケー
ションの効率と価値を，科学的な調査と研究を拡充させ刺激することによって
高めていくことも述べられている。後述するスターチは，アメリカ広告業協会
の調査ディレクターを務めたが，彼により広告クリエイティブ戦略は新しい展
開をみせる。

　ここで，日本で一般的な広告効果階層モデルであるAIDMAについて述べる。
アメリカマーケティング協会のウェブサイトにある「マーケティング用語辞
典」には，AIDAは開発者と内容が明記されているが，AIDMAは掲載されて
いない。AIDAの1つの応用という扱いである。本論もこれに従う。

②　精神分析学の始祖：ジグムント・フロイト

　伊藤（1966）は，『世界の名著・フロイト』の巻の対談で，二十世紀の思想
に影響を与えた2人の人間として，フロイトとマルクスをあげている。2人は
目に見える事物の影に隠れているものの力を露わにしたと主張している。また
アトキンソン（Atkinson, 2000）は，フロイトの理論の中心は無意識のコンセ
プトであるとしている。フロイトは，人々の思考や感覚や行動の影には，無意
識が影響していると主張し，その元には幼児期の抑圧された願望である，エロ
ス（性的欲求）とタナトス（死や攻撃の欲求）があるとした。また無意識は，
夢や，言いまちがいや，身体の癖に現れるとした。フロイトはこれを，パーソ
ナリティ理論や，心理療法理論へと発展させ精神分析学の始祖となった。アト
キンソン（2000）は，現在の心理学ではフロイトの無意識の理論がすべて正し
いとされているのではなく，人は自分の行動の重要な原因を知らないことがあ
るという点は認められていると述べている。

　コトラー（Kotler, 1996）は，フロイトの人々の行動を形成する無意識の考え方を紹介したうえで，現在の製品選択と購買状況の関連を潜在的動機から説明するための動機調査に，影響を与えたと主張している。

③　行動主義心理学の父：ジェイムス・ワトソン

　1924年ワトソン（Watson, 1930）は『行動主義の心理学』を発表する。ジェイムスが，心理学の主題は「意識」だとしたのを批判して，ワトソンは心理学の主題は「行動」だと主張した。これにフロイトの「無意識」を加えると，現代心理学の3つの大きな源流が，19世紀末から20世紀初頭にかけてすべて出現したことになる。この著作の1930年版で，ワトソンは前述のリーソーに献辞を述べている。また1959年版では，献辞はみずから会長を務めた米国心理学会会員に向けられ，心理学会からの感謝状を引用している。それには「博士の業績は現代心理学の形式と本質を決定した重要な因子の1つでした」とある。

　ワトソンは動物心理学から心理学の世界に入った。パブロフの条件反射法を土台にした実験的方法による習慣形成の研究により，本能は習慣形成によるものであるとした。ジェイムスが「意識の流れ」を重視したのに対し，ワトソンは「活動の流れ」を重視した。ワトソンは，意識を心理学から排除することこそ客観的な心理学の確立には必要であるという立場である。

　ワトソンのユニークなところは，学者として成功し，新しい行動主義心理学というものを起こし，米国心理学会会長にまで登りつめた後，実業界に身を転じたことである。ワトソンはリーソーのJ.W.トンプソン社に入社し，そこで心理学を広告に応用し大成功を収めたのである。クレッセル（Kreshel, 1990）は，ワトソンが心理学の目的を心の記述や理解でなく，予想やコントロールであるとしたと主張している。すなわち社会に有用な心理学を目指したのである。具体的には，消費者行動のコントロールのために，行動主義心理学の理論を応用した。これはリーソーの広告に科学を導入するという方針とも一致した。ワトソンはモチベーション調査のパイオニアだった。言葉の組み合わせテストや，ブランドイメージ調査，タバコのテイスト調査などを手掛けた。

　ワトソンの行動主義心理学で強調される考え方に「刺激と反応の理論」がある。ワトソンは刺激と反応の連鎖からすべての行動を単純な図式で説明した。すなわち観察可能な行動の自然科学的な研究を徹底したのである。これを広告に当てはめると，広告とは特定の反応を適切なターゲット（消費者）から引き起こし，それにより彼らの態度や行動に影響を及ぼすことを意図した刺激である，ということになる。この「刺激と反応理論」は，のちの広告心理学や消費者行動論に大きな影響を与えていく。

　ワトソンの業績をまとめると，第1に行動主義心理学を創設したこと。第2に，広告への心理学の応用を，理論と実務により確立し決定づけたこと。第3に，後に消費者行動論へと発展する新しい学問の基礎を提供したことである。ワトソンは，リーソーの広告会社に16年間在籍し，その間前述の著作を発表し，会社の業績にも貢献し副社長にまで登りつめた。ワトソンの活躍した時代は，黄金の20年代といわれた，アメリカが好景気に沸き資本主義が大衆消費社会に突入する時代であった。

④　科学的広告法：クロード・ホプキンス

　1923年ホプキンス（Hopkins, 1966）は『科学的広告法』を発表した。ホプキンスは，リーズンワイ派の代表として知られている。ホプキンスはこの著作のなかで「広告の目的は商品を売ることであり，それ以外にはない」と明言している。オグルビー（Ogilvy, 1983）はこの著作について，自分の人生を変えた本であると述べている。ホプキンスは広告マンの仕事は，大衆の実態をありのままに受け入れ，大衆の心をとらえることだと述べている。また大衆の注意を引けるチャンスは一瞬しかないので，ただ1つのセールスポイントを語れと主張している。

　ホプキンスが新しく開発した手法は，クーポン広告，試供品の無料提供，テストマーケティングの技法など，現在のダイレクトマーケティングの基礎となるものである。それは消費者を動かす力があり，広告効果を正確に測れるものであった。ホプキンスのクーポンを使った広告には，「ペプソデントは歯垢を

取り除きます」のコピーで有名な，ペプソデント歯磨粉がある。

⑶　この時期の広告クリエイティブ戦略と広告の特徴

①　広告の原理：ダニエル・スターチ

　1927年，前ハーバード大学の心理学の教授で，アメリカ広告業協会の調査担当ディレクターであったスターチ（Starch, 1920）により，『広告の原理』が発表された。スターチによる広告の定義は，「広告とは，通常は印刷物において人々にプロポジション（提案）を表現することによって，それにもとづいて行動する気持ちにさせるためのものである」としている。またスターチは広告による販売購入プロセスモデルを提案している。それは3段階になっており，1）消費者に製品・サービスを知らせる，2）消費者の需要を創る，3）消費者に受容させ，消費者の承認を得る，である。すなわち，商品をまったく知らない消費者に，商品への欲求をもってもらい，商品を購入し所有してもらうというステップとなっている。

　スターチは，前述のTスクエアに続く新しい広告クリエイティブ戦略モデルを作成した。それは5つの質問からなっている。1）誰に対してその商品は販売されるか。2）どのようなアピールによって，その商品は販売されているか。3）アピールはどのようにすれば，最も効果的に表現されるか。4）どのメディアでアピールや広告は出稿されるべきか。5）その商品の広告にふさわしい広告費はいくらか，がそれである。Tスクエアと比較すると，消費者に対するアピールが新しい要素として入ってきている。アピールとは，ドレーバー（Drever, 1952）の心理学辞典によると，「産業心理学の専門用語として使われる，広告や販売術に関する動機や刺激の意味である」とされている。アピールはこちらの意図を相手に受け入れてもらうために，相手の注意を引くように刺激を出す種々の方法のことである（誠心心理学辞典）。またアピールの効果的な表現の仕方，すなわちクリエイティブに踏み込んだ内容となっている。スターチは5つの質問について，詳しい内容を説明しているので紹介しよう。

　1）誰に対してその商品は販売されるか，についての質問は以下のものであ

る。この商品の使用者購入者はどんな人か。彼らはどこに住んでいるか。彼らは何人いるか。彼らの商品へのニーズはどのくらい大きいか。彼らはこのニーズをどのように満足させているか，どんなやり方で，どんなブランドで。このニーズを満たすために準備されたさまざまなブランドのなかで，彼らの選択，好み，嫌いなものは何か，がそれである。後にターゲットセグメンテーションで使われる考え方の大半がここには網羅されている。

　2）どのようなアピールによってその商品は販売されるか，に関する質問は以下のものである。その商品について使用できるすべての種類のアピールはどのようなものか。これらのアピールの比較した価値や効果はどのようなものか。実際に使用できそうなアピールはどれか。実際に使用できないアピールはどれか。どのアピールに最も重点が置かれるべきか。どのような方法で，最も重要なアピールの比較した上での価値が決定されるべきか。その最も重要な価値は測定可能か？　実際に使う前に，最も重要なアピールの価値は測定可能か。ここではクリエイティブの訴求点のうち一番重要な要素の絞り込みがなされている。また一番重要な訴求点を科学的に実証する方法や，調査によりサポートする方法が考えられている。

　3）アピールはどのようにすれば最も効果的に表現されるか，ではAIDAよりも進んだ広告効果階層モデルが提案されている。スターチが広告の五重の機能と呼ぶものである。①Attention〔注意を引く〕広告は見られなければいけない。②Interest〔興味を引く〕広告は読まれなければいけない。③Conviction〔確信をつくりだす〕広告は信用されなくてはいけない。④Response〔反応をつくり出す〕広告はそれにもとづき行動させなくてはいけない。⑤Memory〔記憶にとどめさす〕広告は覚えてもらわなければいけない。そのうえで，スターチは最も効果的に注意を引き，興味を喚起し，確信を創り出し，記憶に印象付けるためにどのアピールが広告で表現されるべきかを見極める必要があると主張している。AIDAと比較すると，注意，興味は共通で，欲求の部分が確信と反応に変わっている。ここに反応が入ったのは，ワトソンの刺激と反応理論の影響と考えられる。記憶と行動を追加すると，のちの

AIDMAに非常に近いものになっている。

　4）どのメディアでアピールや広告は出稿されるべきか，ではメディアの特徴や有効性を判断するための以下の要素を考慮すべきであるとしている。さまざまなメディアの詳細な分析と研究と，発行部数を押さえる，他誌と比較しての価値や，特別な商品としての有効性を判断する。読者への影響力と雑誌の立場や，購買人口に対する配本率を分析すべきであるとしている。

　5）その商品の広告にふさわしい広告費で考慮すべき点。のちにROIとして重視される，投資に対する効率をきちんと押さえるように説いている。

　1）～5）以外の分析として，スターチは心理学的なものと経済的なものがあるとしている。100％心理学的なものとして，①アピールそのものを決定する原理と②アピールの表現の仕方，に分けて議論を進めている。アピールを決定する原理では，最も効果的なアピールの表現を確かめる方法は，最も効果的に購入者の心に影響を与えるものは何かを探り当てることだとしている。これはのちに，コンセプトとかコアアイディアにあたるものの決定である。また②のアピールの表現の仕方を決定するためには，購入可能性の高い消費者の精神過程の分析，すなわち好き嫌い，動機，本能，習慣などの注意のプロセスを分析すべきであるとしている。こちらは，広告表現制作への動機調査や，そのほかの心理学を応用した調査の活用を説いている。スターチにおいても，広告への心理学の応用はおおいに前進した。現代のクリエイティブ戦略立案に使われる多くの考え方が1920年代から30年代にかけて形成されていった。スターチは，「販売は人の財布のなかで行われるのでなく，人の心のなかで行われる」という言葉をのこしている。これは広告心理学の至言といえよう。

②　オドロノ消臭薬の広告：ジェイムス・ウェブ・ヤング

　この時代を代表する広告として，ジェイムス・ウェブ・ヤングのオドロノ消臭薬の広告（写真4-5）を取り上げる。これは，『広告批評』（2001）の「20世紀をつくった広告クリエイター50人〔海外編〕」にも紹介されている。当時腋臭（ワキガ）は人前で口にできないタブーであり広告で使える言葉ではな

かった。ヤングはそれに対して、「女性の腕の曲線の中で」とヘッドラインで訴え、「何度も避けられてきた主題に関する率直な考察」とサブヘッドラインで告げた。タブーをさけつつ、伝えたいことの本質をついたコピーである。ボディーコピーでは、ワキガの科学的発生メカニズム、他人にはすぐに気づかれるが本人には気づかれにくいワキガの特徴、当時の肌を露出しないぴったりとした服装では汗と湿気が脇の下にたまりやすい事実などを述べる。そのうえで、科学者によって開発された、安全で週に2〜3回つけるだけで効果の持続する消臭薬の優れた点を伝える。そして、上品なあなたの優美さや甘美さを保つためにはオドロノは一番有効な方法であると、女性の心のつぼを押さえていく。

　スターチのクリエイティブ戦略を使いこの広告の分析をする。1）誰に対して：ワキガに悩んでいる女性および発汗による腋の体臭を少しでも気にかけている女性。2）どのようなアピールにより商品は販売されるか：あなたの上品さや優美さを保つために、化学者によって開発された安全で簡単に使用できる薬用のワキガ薬。3）アピールはどのようにすれば最も効果的に表現されるか：ワキガの化学的な発生メカニズムを伝え、自分では感じないが他人を不快

写真4-5　オドロノ消臭薬広告

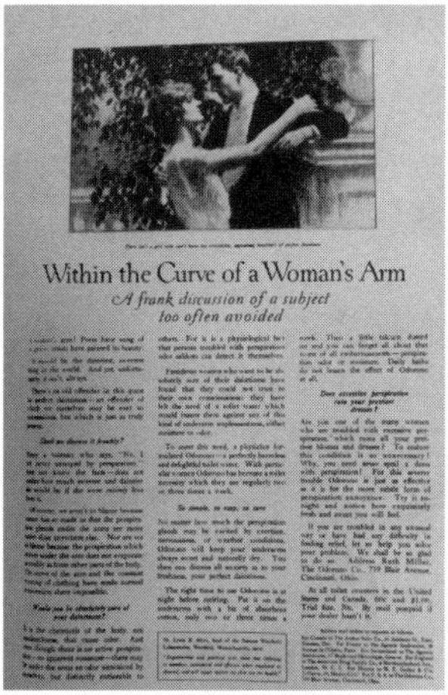

出所：天野他（2014）

にするワキガの性質と，それがあなたの大切な上品さや優美さを損なってしま
うことを伝える。4）どのメディアでアピールや広告は出稿されるべきか：上
品な女性読者が多く読む女性誌。5）その商品にふさわしい広告費は：投資効
果が見込め回収可能な金額。

③　アイディアのつくり方：ジェイムス・ウェブ・ヤング

　ジェイムス・ウェブ・ヤング（写真4-6）はコピーライターであり，リー
ソーと同じ大手広告会社の副社長や，アメリカ広告業協会会長，公共広告機構
の設立メンバーで会長，シカゴ大学教授などを務めた，広告業界の巨人である。
1974年には，アメリカ広告殿堂入りをはたしている。ヤング（Young, 1975）
の最も知られている著作は『アイディアのつくり方』である。これは広告クリ
エイティブ戦略の目的になる，優れたアイディアの開発方法についてのもので
ある。

　ヤングは，アイディアの作成はフォード車の製造と同じように，一定の明確
な過程（公式）であるという考え方の持ち主である。しかし彼は，この公式の
説明は簡単至極だが実際にこれを実行するとなると，最も困難な種類の知識労
働が必要であるという。これはクリエイティブブリーフと同じ性質を持ってい
る。いかに優れたクリエイティブブリーフが存在しても，誰もが優れたクリエ

写真4-6　J.W.ヤング

出所：デューク大学ルービンシュタインライブラリー

イティブアイディアを創り出すことができないのと，同様なのである。

　ヤングは，アイディアを開発する技術を習得するには，原理と方法の２つの要素が必要だと主張する。原理とは，基本的な考え方・哲学のことであり，方法とは実際の方法論のことである。アイディアの開発の原理について，ヤング（Young, 1975）は「アイディアは既存の要素の新しい組み合わせ以外の何物でもない」と主張している。また，アイディア開発の方法には５つのステップがあるとしている。第１段階は，資料を準備する。ブランドや消費者に関する特殊資料から，関連する情報を集めた一般資料まですべてを準備する。第２段階は，集めたすべての資料を，食物のように咀嚼する。第３段階は，孵化（アイディアが生まれるまでの）過程で，できるだけ問題を心の外にほうりだせ，という。意識の外で何かが組み合わせの仕事をやるのにまかせる。第４段階は，アイディアの訪れである。入浴中や，真夜中にぼーっとしている時など，その到来を最も期待していない時にアイディアは突然やってくる。第５段階は，最終段階で，現実の有用性に合致させるために最終的にアイディアを具体化し，展開させる段階である。良いアイディアは，自分で成長する力を持っており，見る人を刺激し，その人達がアイディアに手を貸してくれる。こうしてアイディアの種々の可能性が明らかになっていく。この５つの段階がアイディアの開発方法である。

　物理学者の竹内（1975）は，ヤングの著作の解説で，科学の天才におけるアイディアのつくりかたについて述べている。大陸移動説を唱えたドイツの地理学者アルフレッド・ウェグナーと，生物進化論を唱えたチャールズ・ダーウィンの２人である。まず大陸移動説だが，大陸がつながって見える数百の事実は，ウェグナー以前に多くの学者によって指摘されていた。しかしウェグナーは，それらの要素を組み合わせて大陸移動説を主張した。また，より上の地層にある生物化石ほど複雑な形態をしている事実は，化石からの証拠として古生物学者によって得られていた。しかしダーウィンは，既存の要素を組み合わせて，生物進化論を打ち出した。天才ダーウィンの出現を待って，初めてなされた偉業であった。ヤングの主張する，アイディアは既存の要素の新しい組み合わせ

であるという主張は，科学の天才におけるアイディアでも証明されているのである。

⑷　フルサービス前期まとめ

第1次世界大戦に連合国として勝利し，自国が戦場になることもなかったアメリカは，黄金の20年代をむかえる。資本主義は大衆消費社会の時代へと進む。しかし1929年突然世界大恐慌を迎え，不安定な時代に突入する。ファシズムが台頭し，植民地支配が幅を利かせた帝国主義の時代である。

1922年アメリカで初のラジオCMが放送され，ラジオが主要メディアに加わる。人々は，同じニュースを聞き，同じドラマ，音楽，CMを聞き情報が統一されていく。新聞は大資本による統合が進みAPやUPなどの通信社からのニュースの配信が一般的になっていく。また雑誌は，消費財の流通革新により，広告費が増大し成長を続けていく。

1917年にはアメリカ広告業協会が設立され，正直，公正，品の良さを旨とするクリエイティブの基本方針が行動基準のなかで発表された。同年，精神分析学の始祖であるフロイトの『精神分析学入門』が発表された。フロイトは無意識を心理学の中心に置いた。1924年にはワトソンが『行動主義の心理学』を発表する。ワトソンは，心理学の主題は行動だとした。ワトソンは広告業界に身を転じ，実務への心理学の活用を実践していく。広告を「刺激」ととらえ，消費者の態度や行動を「反応」ととらえる，「刺激と反応理論」は，その後の広告心理学や消費者行動論に大きな影響を与えていく。1923年には，リーズンワイ派の代表，クロード・ホプキンスによる『科学的広告法』が発表される。広告を商品を売ることとしたホプキンスは，クーポン広告，試供品の無料提供，テストマーケティングなどの，今日のダイレクトマーケティングに基礎となる新しい手法を開発する。

1927には前述のTスクエアに続く，広告クリエイティブ戦略が心理学者のスターチにより発表された。スターチのクリエイティブ戦略は，最も大切な広告のアピールを見つけ出し，それをいかに魅力的に表現するかに焦点があてられ

ている。心理学を活用した科学的な調査などを駆使し，現在のインサイトに近い考え方である。スターチはAIDAよりも進化した，注意，興味，確信，反応，記憶，と行動の進んだ広告効果階層モデルも開発している。

　この時代を代表する広告として，タブーに挑戦したヤングのオドロノ消臭薬の広告も登場した。ヤングが後に発表する『アイディアのつくり方』についても要約した。広告クリエイティブ戦略の目的は優れたアイディアを開発することであるが，ヤングはそれを原理と方法にわけてわかりやすく説いている。物理学者の竹内による，科学の天才におけるアイディアの作り方がヤングの説できちんと説明できることも興味深い。

5　フルサービス後期（1941～1968年）

図表4-4　フルサービス後期の年表

1941	ルースアメリカの世紀発表
1941	テレビの商業放送開始
1941	日本軍真珠湾攻撃
1945	第2次世界大戦終結
1947	デビアスダイヤモンドは永遠の輝きコピー
1954	マズロー人間性の心理学出版
1954	NBC・CBSカラーTV放送
1960	リーブスUSP出版
1960	ケネディ・ニクソンTV討論
1961	コーレイDAGMAR出版
1963	オグルビーある広告人の告白出版
1967	世界初の24カ国TV同時中継
1968	キング・ポリットアカウントプランニング創始

出所：筆者作成

(1)　社会経済的背景とメディア

①　アメリカの世紀とメディア

　1939年にヨーロッパで，第2次世界大戦が勃発する。1941年2月「ライフ」誌に，アメリカの代表的なジャーナリストであるヘンリー・ルースが「アメリカの世紀」と題する論文を掲載した。ルースは，20世紀をアメリカの世紀とするためにアメリカは第2次世界大戦に参戦すべきと主張した。アメリカの世紀とは，世界におけるアメリカの正義，すなわち自由と民主主義を，ファシズムや共産主義に対して広めようとする主張である。その裏付けとして，科学技術に支えられた経済力と，米国的生活様式があった。大恐慌から停滞を続けていたアメリカの経済は，1940年代以降成長を続ける。実質国民総生産（GDP）をみると，1940年代は+4.0%，1950年代が+3.5%，1960年代が+4.3%と高い成長を維持した。連合国として大戦に勝利し，世界の石油の半分以上，金の3分の2を手にし，建国以来最も繁栄を謳歌した。「超大国アメリカ」の誕生である。

　第2次世界大戦中の1941年に，テレビの商業放送が開始した。1946年には，生放送のドラマやスポーツ番組も始まった。20世紀を席巻したテレビ時代の到来である。生の映像の力はすさまじい。1960年9月のアメリカ大統領選挙では，ケネディとニクソンのテレビ討論が勝敗を分けた。1962年のキューバ危機では，ケネディはテレビで世界に向かい核戦争の危機を訴えた。また1967年には，インテルサットを使った世界初のテレビの24カ国同時中継が行われ，ロンドンからはビートルズの"All I Need is Love"が世界に向けて放送された。大きな力を持ったテレビは，20世紀後半の広告の主役としての座を獲得していく。

　新聞は，大戦中多くの新聞記者や通信記者が軍に随行し，戦争を報道した。新聞は，世界の民主主義の発展に貢献し，社会の公器としての地位を確立していく。新聞に広告を出すことは，社会の公器に広告を出すことであった。

②　戦争と広告宣伝

　日本を含む世界の人々に，未曽有の悲劇をもたらした第2次世界大戦について，広告という観点から2人の人間を取り上げる。広告を善いことに利用しようとした人と，広告を邪悪な目的のために利用した人のことである。

　先述のヤング（Young, 1941）は，バージニア州ホットスプリングで行われた戦時広告評議会（WAC）設立のスピーチで，「広告は人間によって発明された最も近代的な即効力のある伝達と説得のための手段である。そしてそれは現状よりもはるかに大きな可能性を有している。（中略）それは国際間の理解を深め摩擦を防ぐためのオープンなプロパガンダにも，無知が原因である病気の根絶にも，国家が必要としている有益な仕事のためにも使われるべきである」と述べている。WACは，戦場の兵士への励ましの手紙を送ろうという公共広告を実施し，1週間に2,000万通の手紙が送られた。サンデージ（Sandage, 1976）は，WACが行った800万の戦時国債の販売に成功し，3億5,000万ドルを集めたキャンペーンは，史上最も大規模で成功したものであったと主張している。WACは戦後アメリカ公共広告機構となり，日本の公共広告機構設立にも大きな影響を与え，人々の暮らしや社会を良くする活動を現在も地道に続けている。

　ヒトラー（Hitler, 1925）は『わが闘争』のなかで，以前からずっと宣伝活動に大変興味を持っていたと述べている。彼は，第1次世界大戦中のアメリカのクリール委員会による宣伝広報活動を研究していた。また，宣伝を正しく利用するとどれほど巨大な効果を収めうるかということを人々は戦争の間に初めて理解したとも主張している。しかし，彼の宣伝についての考え方の基本は大衆蔑視に基づいていた。「大衆の受容能力は非常に限られており，理解力は小さいが，その代わり忘却力は大きい」としている。また「大衆の圧倒的多数は，冷静な熟慮よりも，むしろ感情的な感じで考え方や行動をきめるという女性的な資質をもっている」とも述べている。そして，すべての効果的な宣伝は，重点をできるだけ制限して，これをスローガンのように利用し，その言葉によって目的としたものが最後の1人にまで思い浮かべることができるように，継続

的に行わなければならないと主張した。彼は，真実を覆い隠し，単純なスローガンで人々を支配し，人々を破滅へと導いた。ヒトラーのような人間によって宣伝が悪用されるとどんな結果をもたらすかを，戦争の悲劇は如実に伝えている。

　戦後の世界は，資本主義と共産主義の対立の冷戦の時代に入った。資本主義世界では，民主主義，表現の自由，報道の自由のもと，広告にも新しい考え方が生まれていく。

(2)　広告クリエイティブ戦略に影響を与えた思想・考え方

①　マズロー：人間性の心理学

　20世紀前半の心理学の主流は，無意識を研究の中心に置くフロイト主義と，行動を研究の中心に置くワトソンを始祖とする行動主義であった。第2次世界大戦後，この2つの考え方とは違う，第3勢力の心理学を主張した人々がいた。その代表的な2人が，ロージャズとマズローである。1962年に設立された人間性心理学会の設立趣旨には，無意識や行動ではなく，全体としてとらえた人間そのものを心理学研究の対象とすべきと主張している。すなわち，人間の欲求，目標，業績，成功などに焦点を合わせるべきとしたのである。ここでは，広告クリエイティブ戦略に関連する2つの主張を取り上げる。

　ロージャズは，マズローの師ともいえる人物で，人間性の心理学の先駆者である。1952年に開催されたクリエイティビティに関する会議で，「創造性の理論をめざして」という発表を行っている。広告クリエイティブ戦略のなかで，大変重要なクリエイティビティについての研究である。ロージャズは，優れたクリエイティブ作品を生み出す内的条件について3点をあげている。第1点は外在性（extensionability）であり，経験に対して心が開かれている状態である。第2点は内在性であり，創造性の最も基本的な条件は評価という判断を行うよりどころや主体が個人の内部にあることである（an internal locus of evaluation）。第3点は，諸要素や諸概念を楽しむ能力（the ability to toy with elements and concept）であり，自発的にアイディアや色や形またはその関係

を，思いつくまま並べてみる才能のことであるとしている。1950年代は，アメリカの心理学会で，クリエイティビティの研究が本格的に始められた時期である。

　マズローは，第2次世界大戦中のヨーロッパの事態に心を痛めていた。そして，より良い世界に著しく貢献するような人間の動機づけについての，包括的な理論構築に着手する。これにより彼が打ち立てた理論が第1章でもふれた欲求5段階説である。マズローは，人間の欲求は階層になっているとした。ある低位の欲求が満たされると，次の高次の欲求が現れるというメカニズムである。またどの欲求も満たされるまでは中心的な役割をはたし，複数の欲求が同程度の強さで並立することはなく，最も有意な1つの欲求に基づいて行動する「優位の原理」があると主張した。5つの欲求とは，①生理的欲求，②安全欲求，③社会的な所属と愛の欲求，④自尊欲求，⑤自己実現の欲求である。①生理的欲求とは，空腹，渇き，呼吸など特定の身体的基盤がある欲求であり，5つの欲求のなかで最も強く，これが満たされないと次の欲求には移れない。②安全欲求とは，苦痛，恐怖，不安，危険などを避けて，安定依存を求める欲求である。③社会的所属と愛の欲求は，他人との友好，愛情関係や，集団への所属を求める欲求である。④自尊欲求は，自己に対する高い評価や自尊心または，評判，名声，注目，畏敬を求める欲求である。⑤自己実現欲求は，人が究極的に満足するのは，自分が潜在的に持っている可能性を実現し，行いうることすべてを果たした場合に満たされる欲求である。

　最高の欲求である自己実現とは，才能，能力，可能性の使用と開発であるとマズローは主張している。自己実現を成し遂げた人々は，自分の資質を十分に発揮し，成しうる最大限のことをしているとも述べている。自己実現を成し遂げた人物の例として，アルバート・アインシュタインや，大統領夫人のエレノア・ルーズベルトをあげている。マズローの欲求5段階説は，心理学に人間性の復活を目指した頭書の想いとは裏腹に，多くのマーケティングコミュニケーションや，行動科学に活用されていくことになる。

②　サンデージ：広告クリエイティブ戦略

　1984年に広告殿堂入りをしたサンデージ（Sandage, C.H.）は，アメリカにおける「広告教育の父」と呼ばれている。彼はアメリカ広告学会の共同設立メンバーの1人である。広告殿堂の紹介には，広告自体を勇気づけ，広告のイメージ向上と，倫理観向上に貢献したとある。1936年に初版を出版した『広告の理論と実践（Advertising Theory and Practice）』は50年以上版を重ねた。この著作のクリエイティブを扱った章のタイトルを年を追って見ていくと，広告クリエイティブに対する，時代による見方の変化が見えてくる。1963年版では「広告物の準備と制作（Preparing and reproducing advertisement）」である。1975年版では「広告メッセージ（The Advertising Message）」である。1979年版になり始めて，「クリエイティブ戦略（Creative Strategy）」という言葉が使われる。63年75年79年版に共通の要素としては，先述の「アピール」（こちらの意図を相手に伝え受け入れてもらうために出す，相手の注意を引く刺激で，種々の方法を用いる：誠信心理学辞典）が入っている。また79年版からは「コンセプト」が新しい要素として入り，クリエイティブ戦略の中心は優れたクリエイティビティのアイディア開発であるという主張が登場している。これはキングとポリットによるアカウントプランニングの創始（1968）の影響と考えられる。広告プランニングの中心に消費者を置き，消費者のインサイトとブランドのUSP（独自な売りの提案）を結びつけ，それを優れたアイディアで伝えるアカウントプランニングの考え方がアメリカにも影響を与え始めていたことがわかる。キングはクリエイティブ戦略という言葉を1967年にはすでに使っている。またアメリカへのアカウントプランニングの導入は，シャイアットにより1981年になされる。

　サンデージのクリエイティブ戦略では，アピールと消費者の欲求をいかに結びつけるかに主眼が置かれている。サンデージは人間の動機（Motivation）に言及する。彼は特別な瞬間の人間の反応は，大変複雑な問題であると考える。そして，広告のアピールを決定するには適切な人間の動機を正確に見つけ出すことが重要だと主張する。一番重要な動機は何か。何が本当に動機づけたのか。

それを知るために使われたのが，動機調査（Motivation Research）である。ある瞬間，動機付けるものと，次の瞬間，動機付けるものは違う。そのうえで，彼は３つのレベルの動機が常にあると考える。①認知できて議論のできる動機，②認知できて議論をためらう動機，③認知できない動機，の３種類である。

1979年版では初めて，サンデージはマズローの欲求５段階説を紹介し，それぞれの段階の欲求に対する広告の事例をていねいに説明している。また彼は，欲求５段階説の限界にも言及している。動機が人間の行動を理解する重要な鍵の１つであることは事実である。またマズローの主張は人間の重要な基本的動機について触れるには有用である。あえて弱点を言うと，人間の悪い面，嫌な面，弱い面に踏み込んでいない点である。人間のよい面，優れた面，肯定的な面に集中しすぎているというのである。例として，あえてリスクをとる人間の１面や，冒険心，遊び好き，頑固さなどをあげている。オテンバ娘や，わんぱく坊主に５段階説は当てはまらないこともある。フロイトのいうタナトス（攻撃や，死や，悪への願望）のほうが，ある状況下では強烈で人間を強く動かす時があるのは，戦争を見れば明らかである。人間性の心理学は，マズローの早すぎる死のあと，強力な後継者を見出していない。

③　ロッサ・リーブス：USP

ホプキンスが拓いたリーズン・ホワイ派を引き継ぐ人物が第２次世界大戦後に現れる，ロッサ・リーブスである。リーブス（Reevs, 1960）は，広告が語るべきことは商品を買うべき理由であるとし，そのために強力なUSP（Unique Selling Proposition）を発見し，何年でもそれを反復すべきであると主張している。リーブスはUSPを定義していて，次の３点をあげている。①広告はすべて，消費者に対して提案をしなくてはならない。②その提案は，競争相手が示せない，もしくは示さないものでなければならない。③その提案は，数百万の人々を動かせるほど強力でなければならない。この３点を一言で言うと，USP（独自な売りの提案）ということになる。USPの考え方は，製品やサービスの特徴を明確にするのには現在でも有効な考え方である。ユニークで服従させる

力を製品やサービスが持っている限り，非常にうまく働いた。しかしそれらの多くが，コモディティ（汎用品）化してしまった現在では，それだけでブランドを際立たせるのは困難になりつつある。

④　デイビット・オグルビー：クリエイティビティと調査

　1977年に広告殿堂入りをした，デイビット・オグルビーは，最も成功したコピーライターの1人であり，広告業界全体に大きな影響を与えた人として紹介されている。アド・エイジ誌は，彼を「広告ビジネスにおける最も偉大なクリエイティブマインドを持った人物の1人」であると主張し，タイム誌は，「広告ビジネスにおける最も人気のある天才」と称えている。

　オグルビー（Ogilvy, 1964）は，良い広告とは，その広告自体に注意を引くことなく製品を売る広告だと主張している。また彼は，クリエイティブプロセスには理論以上のものが要求されると述べ，「直感に支配され，無意識によって命を吹き込まれるアイディアの手さぐりの実験」を必要とすると主張している。オグルビーはビックアイディアを認識するために，自分自身にすべき5つの質問として，次の事柄をあげている。①初めて見た時に心をつかまれたか。②最初に考えたのが自分だったらよかったのにと思うか。③ユニークか。④完全に戦略に合っているか。⑤30年間使用可能か，がそれである。ここでは，広告クリエイティブの中心である「人の心を動かす」ことと，「クリエイティブ戦略」に基づくプランニングの重要性が強調されている。オグルビーの成功の影には，過去の偉大な広告人から多くを学んだ事実があった。著作でも，ホプキンス，リーソー，リーブスらの名前をあげて，それぞれの人から学んだ点を述べている。

　オグルビーは，クリエイティビティと調査は両立することを，身をもって証明した人間である。彼は，若い時期にギャラップの世論調査会社で働いた経験を持つ。そして，クリエイティビティと調査の関係を誰よりも理解していたクリエイターの1人であった。みずからの広告に関する著作の1つの章の標題は「調査の18の奇跡」である。そこで，調査を無視する広告人は，戦争で敵の兆

候を示す解析データを無視する将軍と同じくらい危険であると主張している。そのうえで，企業イメージ調査，広告費と売上の関連性調査，消費者の新製品への反応調査，新製品と既存製品の比較調査，最もアピールする商品の特徴調査，好まれるパッケージ調査，最適なポジショニング調査，ターゲットセグメンテーション調査，購入決定要因調査，好まれるラインエクステンション調査，飽きられるブランド調査，競合のテストマーケティング分析調査，最も説得力のあるプロポジション調査などを紹介している。そして最後に，調査は議論を終わらせることができる点を強調している。広告のクリエイティブの実務上最も困難を伴う，クライアントの説得に関して，クライアントとの無駄な対立や誤解を解き，広告の正しい意思決定を助けてくれるとしている。

　オグルビーは，調査を基礎にした巧みなクリエイティブ戦略による広告制作で，1960年代のクリエイティブ革命の一翼を担い，ハザウェイシャツの男，ロールスロイスの静音の電子時計の広告，「彼女は上の服を取ります」の広告などで，好ましいブランドイメージを伝え，時代に強力な足跡を残した。

⑤　コーレイ：DAGMAR

　1961年コーレイ（Colley, 1966）によりDAGMARが発表される。目標による広告管理（Defining Advertising Goals for Measured Advertising Results）の登場である。第2次世界大戦後1945～61年の間に，アメリカの広告費は約3倍になった。広告主の一番の疑問は「この広告はきちんと効いているのか」であった。出版元である全米広告主協会はこの研究の目的を，広告の効果を明らかにし，広告の成果を測定するのに役立つ手がかりを追求することとしている。日本語版の序言で，当時日本広告主協会の会長であった服部（1967）は，この著作について，広告の本質的機能を追求し，売上との関連を明確にとらえ，広告目標設定の意義を探り，広告効果測定問題へのアプローチを見事に展開していると述べている。

　コーレイ（1966）は，広告の役割をコミュニケーション機能に限定した。そのうえで，広告の目的は，ある種のコミュニケーション課題が，特定化された

訴求対象に，決められた程度だけ，決められた期間で達成されることであるとした。またコーレイは，広告接触から始まる消費者の心理的・行動的変化の過程を，5段階のコミュニケーションスペクトルで説明している。1）未知（unawareness），2）認知（awareness），3）理解（comprehension），4）確信（conviction），5）行為（action）である。

　1）未知とは，その商品や企業の存在すら知らない段階である。2）認知とは，広告によって初めて存在を認識する段階である。3）理解とは，機能やデザインなどその商品の内容を理解する段階である。4）確信とは，その商品を購入したいという気持ちや，ポジティブな態度が形成される段階である。5）行為とは，購買直前に店に出向くという行動も含まれる，実際の購入の段階である。コーレイは，未知から一気に購買の段階に導くような離れ業を広告に期待するのは不適切であると考えた。DAGMAR理論の中核となる考え方は，コミュニケーションスペクトルの段階を，現状から1歩でも前へ進めることを広告目標とするのが妥当であるというものである。そのために第1に現状の把握と，第2に達成度の測定が不可欠であるとした。この2つが正確に実行できれば，広告効果を段階的に管理でき，きめ細やかな対策を講じることができると言うのである。コーレイ（1966）は広告目標を定義する6つのMとして，1）商品（merchandise）2）市場（market）3）動機（motives）4）メッセージ（message）5）メディア（media）6）測定（measure）をあげている。

　広告主協会による，広告効果測定という要求は，広告代理店を動かした。これ以降，クライアントが持つ売上やシェア以外の，ブランド認知度，ブランド理解度，企業イメージ，購入意向，媒体効果などの定量調査による定期的な測定が一般化していくのである。コーレイ（1966）は，目標はクリエイティブのじゃまになるのではなく，助けになると主張している。目標がはっきりしているところでのみ，クリエイターのクリエイティビティは，十分に発揮されると述べている。また得られる結果によって，クリエイティビティは判断されると主張している。

⑶　この時代の広告クリエイティブ戦略と広告

①　スティーブン・キング：アカウントプランニングの誕生

　1960年代広告計画を支配した考え方は，全米広告主協会の主導で導入された DAGMARであった。DAGMARに基づき広告目標は明確化され，広告効果は計測された。米国型の客観性を重視する，定量調査を基にしたマーケティングコミュニケーションの誕生である。もともと広告主が主張したこの方法は，売る側の論理が優先された。買う側すなわち消費者は，重視されなくなっていた。60年代の終わりにこの考え方に異を唱えたのが，英国のポリットとキングであった。メーカーやブランドの都合でなく，消費者を広告クリエイティブ戦略の中心に置くという考え方である。そのためには，消費者を深く理解する必要がある。アカウントプランニングの考え方は実は古くから存在する。広告のプランニングとクリエイティブ戦略の原型は，近代の広告が現在の形を取り始めた20世紀の初頭，リーソーやスターチに見たようにすでに存在していたのである。また，インサイトの考え方すなわち消費者の心の奥の真実を見つけ出す努力は，本論で述べてきたように，それに並行する形で心理学のさまざまな成果を取り込みながら進行していた。それらは，天才クリエイターの頭のなかには，事例でも示したようにすでに存在していたのである。キング（King, 1989）は，過去には広告計画といわれていた，アカウントプランニング（戦略プランニング）の全体像を，プランニングサイクル（**図表4-5**）として明示した。

　キングが開発したクリエイティブ戦略の考え方であるＴプランは，消費者に焦点をあて，ブランドの個性に集中したものになっている。キングは広告はブランドの抱える問題点の解決であり，結果としてブランドの個性を強化すると考えた。キングのＴプランは6つの質問からなっている。1）誰に語りかけるのか。2）この商品やサービスは彼らの心のなかでどういう位置を占めているか。3）広告が解決しなければならない問題は何か。4）主な反応は何か。5）その反応を支える理由はなにか。6）その広告はどのような特徴を持っているか。要素としては，ターゲット，ターゲットのインサイト，広告の役割，

図表4-5　アカウントプランニングの全体像

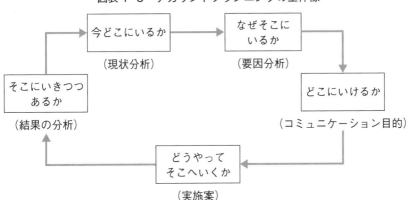

出所：King（2007）を参考に筆者作成

広告で期待される消費者の反応，反応へのサポート，トーンアンドマナーの6点である。Tプランは現在ではクリエイティブブリーフと呼ばれており，**図表4-5**のなかでは，どうやってそこに行くか（実施案）の段階で作成される。

　現在アカウントプランンニングという名称はともかく，広告のプランニングまたは戦略プランニングの考え方は世界的に定着している。それは普遍的な広告コミュニケーションの立案に必須のものだからである。

②　デビアス：ダイヤモンドは永遠の輝き

　第3章でも触れたが1999年にアド・エイジ誌が20世紀の広告を振り返り，「広告の世紀」というタイトルで過去100年間の優れた広告やコピーを発表している。20世紀のトップ10スローガンの1位になり，トップ100キャンペーンの6位に入っているのが，デビアス社の「ダイヤモンドは永遠の輝き」（A diamond is forever）キャンペーンである。このコピーは，1947年にNWエイヤー社によって制作された。デビアス社はかつて世界のダイヤモンド原石市場の7～8割を支配し，世界の主要先進国で消費の喚起を行っていた。

　ダイヤモンドはユニークな商品特性を持っている。第1に鉱物としての特徴である。天然の鉱物としてはモース硬度が一番大きい，つまり固い。そしてそ

の輝きは美しさに満ちている。何トンもの原石からわずかしか取れない希少性を持つ。第２にその存在の唯一性である。自然の産物のダイヤモンドは，内包物，色，形など同じものが１つもないという唯一性を持つ。第３にそのストーリー性である。古来，ダイヤモンドは富と権力の象徴として，王侯貴族に珍重されてきた。クレオパトラ，唐の太宗，ローマ皇帝も手にしている。現在でもイギリス王室の王の象徴である王冠と笏には，それぞれ317カラットと530カラットの世界最大級のダイヤモンドが用いられている。これらの特徴から，女性の永遠の憧れの存在であった。

　「ダイヤモンドは永遠の輝き」キャンペーンが20世紀のスローガンの１位に選ばれた理由は，世界にたった１つしかないダイヤモンドと，世界でたった１つの男女の愛をむすびつけた「愛の贈り物としてのダイヤモンドコンセプト」（Gift of Love Concept）にある。デビアス社のルシエはケルチ（Quelch, 2000）の著作のなかで「愛の贈り物としてのダイヤモンドの文化的な位置づけは，他の多くの贅沢品とダイヤモンドを強力に区別するものとなっている」と述べている。日本においてもデビアス社のダイヤモンド婚約指輪キャンペーンは1967年に６％でしかなかった取得率を，1994年には76％まで上げることに成功した。当時結婚して婚約指輪を贈る人の７割以上がダイヤモンドを選んでいたのである。デビアス社のキャンペーンの結果1991年には，米国英国日本でダイヤモンド婚約指輪の取得率は６割を超えている。

　1984年のカンヌ国際広告祭に入賞したデビアス社のダイヤモンドイメージキャンペーン「ハンズ篇」について述べる（写真4-7）。コピーはナレーションで，「言葉より深いねダイヤモンド」だけであり，スーパーで「ダイヤモンドは永遠の輝き」が挿入される。このCMのクリエイティブ戦略を分析する。プライマリーターゲットは，ダイヤモンドを所有していない未婚女性と，ダイヤモンドを所有しているがさらに良いものを欲しいと思っている既婚女性である。セカンダリーターゲットは，贈ったり，買う時に承認をしたりほめたりする成人男性である。広告の役割は，ダイヤモンドの特別な宝石としての価値を強化し，ダイヤモンドのイメージをさらに高めることである。消費者の主な反

写真4-7　ダイヤモンドイメージ「ハンズ篇」

応は，ダイヤモンドは最も貴重で価値のある宝石でありそれを手に入れること
は私の夢だ，である。反応のサポートとしては，美しい輝き，永遠の価値，希
少性，愛の贈り物としてのダイヤモンドの歴史である。

　このキャンペーンの優れたところは，「愛の贈り物としてのダイヤモンドの
コンセプト」に基づき，男女の愛と，貴重で美しくて最も硬い女性の憧れであ
るダイヤモンドを，象徴的なクリエイティブによって結びつけたところにある。
アイディアは，既存の2つのものの思いがけない結合であるという，ヤングの
法則にも当てはまる。またマズローのいう，自己実現の次に高い欲求である
「優越への憧れ」と，より基本的な人間の「愛への欲求」を組み合わせてもい
る。資本主義が戦後最大の繁栄をみせたパックスアメリカーナと，日本経済の
高度成長からバブルの時代を中心に，20世紀で最も成功したキャンペーンの1
つは実施された。

⑷　フルサービス後期まとめ
「ルネサンス（思想の復興運動）としてのアカウントプランニング」

　1941〜1970年は，アメリカの世紀にベトナム戦争や若者の反乱により，少し
ずつ影がさしていく時代であった。心理学の世界では，それまで主流のフロイ
ト主義や行動主義に変わり，マズローらが人間性の心理学を主張する。それは
広告クリエイティブ戦略にも影響を与えた。リーブスによるUSPの開発，オグ

ルビーらによるクリエイティブ革命も起こる。1961年には，全米広告主協会の肝いりでDAGMARが誕生し，広告目標設定と，効果測定が大規模に定量的に行われるようになる。1968年，それへの反発からキングとポリットにより，英国でアカウントプランニングが誕生した。

　本章はアカウントプランニングの起源を探るために，その普遍的な考え方を，アメリカの広告の歴史とともに振り返り，明らかにしようとしたものである。キャンベル（Fortini-Campbell, 1992）は自らの論文と，小林との対談（2004）において，アカウントプランニングは決して新しい概念でなく，コンシューマーインサイト論の起源は古いと主張している。また前述のようにキング（2007）も，ヤング，ホプキンス，オグルビー，リーブスら過去のクリエイティブの天才たちは，優れた戦略プランナーであったと述べている。

　コンシューマーインサイトとは，消費者の心のなかを見抜く力である。真のインサイトを得るためには，①行動を理解し，②購買の動機を理解し，③目に見えない海面下の心の動きを見ていくことが重要である。

　インサイトの考え方の発展の歴史を探るために，行動を分析するワトソンの刺激と反応の理論を概観した。動機を見ていくために，マズローの欲求5段階説を概観した。心の見えない部分を見ていくために，フロイトの無意識の研究にも触れた。真のインサイトを得るのは，大変困難な作業である。他人の心のなかを探るためには，鋭い洞察力が必要である。またプランニングやクリエイティブ開発をする人自身が，温かく，美しく，澄んだ心を持っていなければ，消費者の心を勝ち取ることなどできないのは当然である。キャンベル（2000）のいうアカウントプランナーに必要な要素，①人間に対する好奇心，②鋭い感性，③なぜこの人たちはこのような行動をしているのか，を把握する能力は，本論で取り上げた20世紀の偉大なクリエイターや，クリエイティブ戦略の開発者達が皆持っていた能力である。

　キングとポリットによる1968年のアカウントプランニングの創始とは，消費者を中心に置いた広告開発と，インサイトの考え方のいわばルネサンス（思想の復興運動）であった。小林によるアカウントプランニングの日本への紹介も，

同じ意味を持っている。キングの新しさは，起源は古いインサイトの考え方や，消費者中心の広告開発を万人に広めたところにある。そのためにキングが開発したものが，Tプランにその原型を見ることができるクリエイティブブリーフである。天才たちが頭の中で解決していたポイントを，万人に理解できるように，文書化し形式化したことである。これによりアカウントプランニングの考え方は，広告やマーケティングコミュニケーション業界に，完全に定着した。呼称としては，現在は戦略プランニングやプランニングが一般的である。アカウントプランニング以前，営業とクリエイティブの２者でなされていた広告開発は，現在営業と，クリエイティブと，戦略プランナーの３者によってなされている。キングとポリットにより創始されたアカウントプランニング（戦略プランニング）は，思想として，制度として，実践的な方法として定着したのである。中小の広告会社では，営業やクリエイティブが代行しているところもあるが，大切なのはアカウントプランニング（戦略プランニング）の考え方であり，それを体現しているクリエイティブブリーフの考え方なのである。

　現在は，デジタルシフト，ソーシャルシフトが進み，広告やコミュニケーションの枠組みは大きく変化している。一方向から双方向へ，伝達から共有へ，変化は現在も進行中である。また世界は，テロや，宗教民族人種の対立や，貧富の格差の拡大や，環境問題など多くの課題を抱えている。そのうえ，各国の経済はさまざまな困難を抱え，昔のような成長は期待できない。しかしこういう難しい時代であるからこそ，広告やコミュケーションに携わる人間には，①部分でなく，全体として人間をとらえる目，②見えない人の心を見抜く側が持つべき心のあり方，③製品やサービスや伝えたいことと人々との関係を把握する洞察力が，求められている。それこそが，これからの時代を切り開いていく，新しいアカウントプランニング（戦略プランニング）とクリエイティブ戦略に必要な力である。

第**5**章

アカウントプランニングの成立と発展

1 英国における成立（1968年）

　アカウントプランニングは，深く消費者を理解することをベースにしたコミュニケーション戦略を立案して，優れたクリエイティブアイディアを広告やマーケティングコミュニケーションの核とする，広告会社やマーケティングコミュニケーション企業における制度である。アカウントプランニングは，1968年に英国においてスティーブン・キングとスタンリー・ポリットによりほぼ同時期に創始された。2018年は50周年にあたり大きな記念事業が催された。

　米国では，アメリカアカウントプランニンググループに起源を持つ，アメリカ広告業協会（4A's）の主催するストラテジー・フェスティバル（Strategy Festival：戦略の饗宴）が "The Next 50 Years of Planning"「プランニングの次の50年にむけて」というテーマの下，百数十名を超えるプランナーを集め10月にニューヨークで行われた。主な内容は，プランニングの将来，デジタル化の進展による広告ビジネスの変化，AIやIOTなどのテクノロジーの進化，消費者とブランドの関係などである。また英国のアカウントプランニンググループは50周年に合わせで，"How ~~not~~ to Plan : 66 ways to screw it up"（戦略立案：66の方法）と，"Eat Your Greens" というプランニングに関する著作（論文集）を刊行した。日本でも近年アカウントプランナーの集まりであるプランナーズナイトが開催され，著者も2015年に１度参加したが100名近い参加者があり大変盛り上がっていた。アカウントプランニングは，現在の名称は

戦略プランニングや，プランニング，マーケティングリサーチ＆プランニング，マーケティングコミュニケーション戦略などさまざまな呼称があるが，現在の広告やマーケティングコミュニケーションの世界にしっかりと根づいている。現在，戦略なしにマーケティングコミュニケーションや広告を考える人は少数派といっても過言ではない。

　本章のリサーチクエスチョンは以下のとおりである。①アカウントプランニング成立以前の社会や経済の状況，広告やコミュニケーションをとりまく環境はどのようなものであったか。②アカウントプランニングの成立はどのようにしてなされたのか。③アカウントプランニングがその成立時点から内包していた問題点はどのようなものであったか。④アカウントプランニングのその後の発展はどのようなものであったか。⑤デジタル化の進展はアカウントプランニングにどのような変化をもたらしたか。⑥アカウントプランニングの将来はどのようなものか。

　アカウントプランニングの成立は英国では1968年，アメリカでは1981年である。日本への紹介は1992年とされている。本章では英国での成立と内包していた問題点と，アメリカでの成立前後から現在までを述べていく。

(1)　英国におけるアカウントプランニング成立以前の状況

①　社会経済状況と広告環境

　英国は，18世紀末から19世紀の初め，世界に先駆けて産業革命を経験した。19世紀末には世界の工場として，世界の政治と経済をリードした。英国の通貨ポンドは資本主義市場最初の国際通貨として，世界の貿易経済と大英帝国からの対外投資に用いられた。しかし英国は3度の衰退を経験する。第1の衰退は19世紀末で，繊維，鉄鋼，化学などの分野で，後発のドイツや米国に追い上げられた。第2の衰退は1914年から45年までの両世界大戦期で，米国に世界経済のリーダーの座をあけわたした。そして第3の衰退は1960年代，米国だけでなく戦後復興をとげたヨーロッパ諸国や日本にも追い越された。1960年代の末にはポンドはドルにとって代わられ国際通貨としての地位をあけわたした（田中

他，2001）。アカウントプランニングが誕生した1968年は，英国が「英国病」といわれ社会経済が停滞していた厳しい時期である。

　英国の広告に目を転じてみると，19世紀末まで主要メディアはポスターであった。20世紀に入ると新聞雑誌がそれに代わり，第2次世界大戦中はラジオがプロパガンダとして活用された。世界初のテレビ放送はBBCによって1936年に開始され，1954年にはテレビの商業放送が始まった。世界で最も古い広告関係の協会であるイギリス広告主協会は1900年の創立である。第1次世界大戦中の1917年にはのちにIPAとなるイギリス広告業協会が設立されており，これはアメリカ広告業協会の設立と同じ年である。両協会とも100年と少しの歴史であり，近代広告の歴史に重なる。

　1969年の英国の広告収入のメディア別の比較では，新聞が223万ポンドに対し，テレビは129万ポンドである。主要媒体は，新聞や雑誌の印刷媒体であり，その後テレビがどんどん伸びていく（春山，1981）。アカウントプランニングが創始された時代の英国は，失業率も高く物も売れない経済の停滞期であった。

図表5-1　英国におけるアカウントプランニングの成立以前の状況

1900	イギリス広告主協会創立
1914	第1次世界大戦開始
1917	イギリス広告業協会創立
1927	BBCラジオ放送開始
1929	世界大恐慌
1931	英国金本位制停止
1936	BBC世界初のテレビ放送開始
1939	第2次世界大戦開始
1954	テレビの商業放送開始
1964	英国ポンド切り下げ
1964	キングTプラン
1968	キング・ポリット，アカウントプランニング創始
1979	アカウントプランニンググループ設立

出所：筆者作成

主要メディアは依然新聞であり，テレビがそれに続いていた。世界ではベトナム戦争反対や，パリの５月革命など学生運動の嵐がふきあれ，第２次世界大戦後のさまざまな価値観が崩れ出した時代であった。**図表5-1**は，英国におけるアカウントプランニング成立以前の状況をまとめたものである。

②　広告クリエイティブ戦略

　アカウントプランニングの創始者の１人であるキングは，「アカウントプランニングの解剖」と題する論文のなかで，第２次世界大戦前の英国での広告コミュニケーションプランニングについて述べている（King, 1989）。キングによると，広告戦略を考えキャンペーン結果を分析する専門部門は，われわれが考えているよりずっと古くから存在した。1938年のJ.W.トンプソン・ロンドン支社の会社案内には「優れたアイディアは，マーケティング部門の射撃の名手として，プランニングボード（広告戦略レビュー幹部会議）をスナイパーとして生き残り，クライアントにプレゼンテーションされる」とある。キングは1938年には，マーケティングの考え方を広告アイディアに応用しようとする部門が存在したと主張している。これは調査部門とは，別の部門である。J.W.トンプソンのロンドン支社では，調査部門を独立させ調査の子会社である「英国マーケットリサーチビューロー（BMRB)」が1930年代に設立されていた。この調査会社は，その後現存する世界最大規模の調査会社カンターグループの母体の１社となっていく。

　1957年にキングは，J.W.トンプソン・ロンドン支社のマーケティング部門に入社した。その当時部門には25名の社員が在籍し，クライアントに提供していたサービスは，マーケティングデータの分析，公開されている統計データの分析，マーケティングプランの作成，調査の提案，新製品の開発，新ブランドの開発であった。その時代のマーケティングプランについてキングは，かなり大雑把なものの見方に基づいた単純なもので，ロジスティクスについてはあいまいで，利益についてもよくわからないものであったと述べている。広告戦術と，広告予算についてはマーケティングプランに詳細に述べられ，これがクリエイ

ティブの基礎となっていた。アカウントプランニング誕生の20年以上前の広告クリエイティブ戦略開発について述べられている数少ない証言の1つである。キングは生粋の，広告会社のマーケティング部門の出身である。

　アカウントプランニングのもう1人の創始者であるポリットは，1950年代の英国のマーケティングリサーチについて，広告会社がマーケットリサーチ（市場調査）のパイオニアであったと主張している（Pollit, 1979）。2～3の巨大クライアントを除き，各社のブランドの市場調査プログラム全体を仕切っていたのは広告会社であった。主要広告会社は，大きな調査部門か，調査の子会社を持っていた。これは当時広告会社が行っていたクライアントに対する幅広いコンサルティング業務の一環であった。彼らはクライアントのビジネスの新しいマーケティングという分野における啓蒙家であったとポリットは主張している。ポリットはこの調査部門の出身であった。

(2)　英国におけるアカウントプランニングの成立

①　キングとJ.W.トンプソン方式

　1960年代に入り，クライアントが自社内にマーケティング部門を設立し，自らマーケティングプランを作成するようになった。広告会社では，クライアントのマーケティングプランの特に戦略部分に影響を与えようとする動きが強くなった。クライアントの強みは，マーケティングの4Pすなわち製品（Product），流通チャネル（Place），価格（Price），販売促進（Promotion）のすべてをコントロールしていることである。広告会社は，自社の強みであるプロモーションすなわち広告戦略・マーケティングコミュニケーション戦略に力を集中するようになった。1968年11月1日，J.W.トンプソン（以下，JWTとする）ロンドン支社では，マーケティング部を廃止し，アカウントプランニング部を設立した。アカウントプランニングという用語が，最初に正式な名称として使われた瞬間である。

　キングはそれは単なる組織再編や名称変更でなく，過激な変化であったと述べている。その意味するところは，プロフェッショナルな新しいプランニング

（戦略立案）を行うアカウントプランナーという職種を確立し，広告開発プロセス全体の統合をはかるイノベーションをもたらしたことであった。組織の観点でいうと，それまで営業とクリエイティブの2者を中心になされてきた広告開発を，営業，クリエイティブ，プランナーの3者によるまったく新しい体制に変えた。これがキングのいう「過激な変化」である。

　第4章でも触れたがキングが確立したトンプソン方式のアカウントプランニングの特徴は，ブランドへの消費者の反応を中心にマーケティングコミュニケーション戦略全体をたてるところにある。キングが開発したクリエイティブブリーフであるTプラン（ターゲットプラン）は，ターゲット（対象者），コンシューマーインサイト（消費者の本音），広告の役割，最も重要な消費者の反応，反応へのサポート，トーン＆マナーにより構成されている。キングはアカウントプランナーの理想像は，「威厳ある戦略家（Grand Strategist）」になることであると主張している。キングのプランニングの基本は，プランニングサイクルと呼ばれる有名な5つの質問により成り立っている。すなわち，①今どこにいるか？（現状分析）②なぜそこにいるか？（要因分析）③どこへいけるか？（マーケティングコミュニケーション目的）④どうやってそこにいくか？（実施案）⑤そこにいきつつあるか？（結果の分析）がそれである。これはその後のアカウントプランニングおよび，マーケティングコミュニケーション戦略の発展の土台となった。小林（1998）も，アカウントプランニングの2つの考え方として，JWT流のクリエイティブ志向型と，BMP流の調査志向型があると指摘している。JWT方式の特徴は，優れたクリエイティブアイディア開発を重視するところにあった。そのためにグループインタビューなどの質的調査を重んじ，それに基づいて消費者インサイト（本音）を明確にし，クライアントの課題と結びつける解決案を開発するために，戦略をクリエイティブブリーフによって明確にした。優れたクリエイティブアイディアは，研ぎ澄まされた戦略（クリエイティブブリーフの論理）と，クリエイティブ（アイディアの魔法）の両者が揃わないと実現されない。JWT方式の肝は，このロジック（戦略）とマジック（クリエイティブ）の合体にある。言葉を変えると，知

恵とエモーション（感情）の合体である。キングは，営業とアカウントプラン
ナーの人数の比率は，営業4人にプランナー1人ぐらいが最適だと述べている。

　キングの創始したJWT方式の特徴は，マーケティング部門出身のキングら
しいものである。マーケティングコミュニケーションプラン全体のなかで，消
費者の反応を中心に置き，クリエイティブブリーフで戦略を明確にしたうえで，
クリエイティブのジャンプを期待する。優れたアイディアをめざすJWT方式
の特徴は，キングが中心となり開発されたトンプソン・ウェイの紹介ブロー
シャー（会社案内）の扉にある社是（ミッションステートメント）「われわれ
には使命があります。それは最も効果的で，きわだった広告を創ることです」
にも表れている。

②　ポリットとBMP方式

　アカウントプランニングを創始したもう1人のポリットが所属したBMP社
は，1968年6月に設立された。元々はインターパブリック系の広告会社であり，
社内にはポリットが責任者だった調査部門があった。しかしポリットは，当時
の調査部門は広告制作の脇役であり，普段は自分達の薄暗い調査部門の部屋に
いて調査がある時だけ営業やクライアントに呼ばれて出てくるような存在だっ
たと述べている。ポリットは，調査部門は広告戦略開発の中心に躍り出るべき
だと考えていた。そのためには新しいタイプのリサーチャーをみずから育てる
しかない。彼らに必要なものは，科学の基礎的知識を持ち，偏見のない新しい
タイプの専門家だった。60年代後半から70年代にかけての英国の不況期にこれ
を実施するのは大きなかけだった。しかしポリットは新しいビジョンを示した。
それは，各クライアントのアカウントチームごとに，アカウントディレクター
（営業担当），クリエイティブ（制作担当），アカウントプランナー（戦略担当）
を置くというものだった。3者は同等で，それまでリサーチャー（調査担当
者）はアカウントディレクターが調査が必要だと思った時にだけ呼ばれるわき
のサポート部門であったのとは大きな違いがあった。

　ポリットが考えるアカウントプランナーのジョブディスクリプション（職務

内容）は以下のようなものであった（Feldwick, 2007）。

1） アカウントプランンナーは調査の専門家である。

2） アカウントプランナーは，量的調査と市場データを理解し活用する。また質的調査の結果を，量的調査や市場データと同じ重要さと有効性をもって扱う。

3） アカウントプランナーに必要なパーソナリティは，よい質的調査が扱えること。そして第1歩としてターゲットオーディエンスをきちんと理解すること。

4） アカウントプランナーは，継続的にキャンペーン全体にインボルブされること。それには，戦略的思考，クリエイティブの開発実行，市場での結果の分析が含まれる。

5） これらを実現するために多くのアカウントプランナーが必要である。営業1人に，アカウントプランナー1人が適切である。

6） 3つの部門は創造的な緊張を持って，効果的な広告の開発に責任をもつこと。3者にはそれぞれの異なった立場からの意見が必要と考えられる。

7） アカウントプランナンナーの重要なコミットメント（使命）は，あらゆるコストを払って広告コンテンツを正しいものにすることである。

　これらの，アカウントプランナーに関するポリットの主張は，キングよりもさらに過激である。ポリットが急死する直前に書かれた『私はいかにアカウントプランニングを始めたか』にもそれが述べられている。ポリットはみずからも経験したアカウントディレクター（営業担当）の仕事のもつ利己主義的な傾向を正さなければいけないと考えていた。それは，締め切りに間に合わせるために，クライアントを喜ばせるために，またクリエイティブを喜ばせるために妥協することを拒否することであった。「アカウントプランナーはこれらを正しくできないといけない」とポリットは主張している（Pollit, 1979）。これを実現するためには，アカウントプランナーには広告会社全体のサポートと，その結果に対するコミットメントが必要であるとも述べている。あらゆるコストを支払って広告コンテンツを正しいものにするという考え方は，いわば「アカ

ウントプランニング原理主義」である。このなかに，その後アカウントプランニングが直面する困難や問題点が内包されていた。

③　両者の共通点

　日本にアカウントプランニングを導入した小林（1998）は，アカウントプランニングを次のように定義している。「アカウントプランニングとは，マーケティングと広告の開発における基本構想，つまりそのブランドのマーケティング戦略・広告戦略において最も必要なアドバイスと提案を行うシステムである」小林は，アカウントプランニングの流れは，BMP流のリサーチ志向型と，JWT流のクリエイティブ志向型に大別できるとしている。両者の違いについては前述したが，両者の共通点すなわちアカウントプランニングの基本理念とはなんであろうか？　それは，次の5点に要約される。

　第1点は，広告・マーケティングコミュニケーション開発の中心に，消費者を置いたことである。そのために消費者インサイト（消費者の隠れた本音）を探り，それとクライアントの課題の接点をみつけるという考え方が定着した。第2点は，消費者のインサイトを探るために，従来からの市場データや量的調査に加えて，グループインタビューやパーソナルインタビューによる質的調査の重要性を認識し，活用したことである。第3点は，クライアントの課題，ブランドの課題，ターゲット（対象者），消費者インサイト，広告やマーケティングコミュニケーションの役割，消費者の反応，サポート，トーン＆マナー等を明文化した，クリエイティブブリーフを定着させたことである。これによりマーケティングコミュニケーション戦略が明確になった。第4は，マーケティングコミュニケーションにおけるクリエイティブアイディアの重要性を再認識させたことである。ポリットのいう「広告コンテンツを正しいものにする」またキングらの優れたクリエイティブアイディアの重要性の強調である。第5は従来，営業とクリエイティブの2者を中心になされていた広告・マーケティングコミュニケーション開発を，営業（クライアント担当），クリエイティブ（制作担当），アカウントプランナー（戦略担当）の3者で行う体制を確立した。

プランナー（戦略担当）という新しい職種を世に送り出したことである。

　英国でアカウントプランニングが誕生した背景には，米国との文化の違いも反映されていると考えられる。米国文化はプラグマティズムの伝統と，20世紀の初めにセオドア・ルーズベルト大統領の提唱した「革新主義」の考え方を基礎に，企業・政府・教育研究機関が一体となって科学的知識と技術を活用して，社会の発展を推進していくシステムを確立した（有賀，2002）。ビジネスの世界でも科学的な手法を活用した量的調査，市場データ等の数量化できる情報を重視するマーケティングが発達し，米国経済の拡大とともに世界を席巻した。英国でも米国流のマーケティングが60年代には主流となっていた。キングとポリットはこれに反発した。英国には，ジョン・ロックの「われわれのすべての知識は経験から導き出される」（Russell, 1946）とする経験論の伝統がある。量や数字を偏重するのでなく，自分の目で見，自分の耳で聞いた消費者の本音にこそ真実が宿るとキングやポリットは考えた。これを活用して広告やマーケティングコミュニケーションの有効性を高めることが可能であると2人は考え

図表5-2　アカウントプランニング：JWT方式とBMP方式の相違点と共通点

	JWT方式	BMP方式
創始者	スティーブン・キング	スタンリー・ポリット
創始者の背景	広告会社マーケティング部	広告会社調査および営業部
重視したもの	クリエイティブアイディア	調査
理想のAP	偉大な戦略家	広告コンテンツを正しく
営業 vs AP	営業4：AP1	営業1：AP1
共通点	1．広告開発の中心に消費者を置く。	
	2．消費者インサイトを探るため質的調査を重視	
	3．クリエイティブブリーフによる戦略の明確化	
	4．クリエイティブアイディアの重要性と認識	
	5．営業，クリエイティブ，プランナー体制の確立と戦略の専門職を創始	

注：AP＝アカウントプランナー

出所：筆者作成

たのである。英国病といわれた経済の停滞期に，クライアントビジネスに真に
貢献する方法を模索していた広告業界のなかから，こうしてアカウントプラン
ニングは誕生したのである。これまでの議論を整理するために，JWT方式と
BMP方式の相違と両者の共通点を，**図表5-2**にまとめた。

(3)　アカウントプランニングがその成立から内包していた問題点

　アカウントプランニングを論ずる人々に共通している点は，用語のあいまい
さや，解釈の多様さによる不明確さを多くの論者が指摘する点である。アカウ
ントプランニングの創始者の1人であるキング（King, 1989）は，「アカウン
トプランニングを探求することは多くの熱帯魚の数を数えるようなものである。
あるパターンが見つかったと思っても数え終わるまでにそれはすべて形を変え
てしまっている」と述べている。もう1人の創始者のポリット（Pollit, 1979）
は，「アカウントプランニングが何を意味するかについては誤解がある。それ
がこの主題についての議論を欲求不満のあるものにしている」と述べている。
イギリス広告業協会の会長も務めたクリエイティブ出身のバルモア（Bullmore,
1991）は著作のなかの "What are Account Planners for, Daddy?"（お父さん，
アカウントプランナーって何？）という章で，自分はこの10年「アカウントプ
ランナーが何をしているのか」という問にたいして，クリエイティブや，得意
先や，新規のクライアントに正確に説明することの困難さに直面してきたとい
うエピソードを紹介している。彼は英国一の広告会社の社長を務めていた。担
当の営業局長や，クリエイターを紹介すると，クライアントは「はい」と納得
してうなずくのに，アカウントプランナーを紹介してもクライアントは無言の
ままでうなずかないというのだ。そして少し説明すると「ああ調査の人です
か」という。「いいえ，違うんです」といっても「何が違うんですか，と言っ
て」理解してもらえないというのだ。これは1991年のことで，戦略担当者が定
着した現代とは事情は違っていると思われる。しかしアカウントプランナーに
ついての理解や説明の困難さは昔から存在した。
　丸山（1999）は「世の論争の90％は，この言葉の交通整理の欠如から起こっ

ている」と述べているが，アカウントプランニングに関する理解や解釈についても根底にはこれがあると思われる。フェルドリック（2007）は，アカウントプランニングに関する議論の混乱は，アカウントプランニングが，①広告会社の部門の組織名であり，②広告開発プロセスの名称であり，③原理や信条を含むものであった，ことによるとしている。原理や信条には先に指摘したJWT方式とBMP方式の考え方の違いが根本にはある。フェルドリックはアカウントプランニングを"Movement"（運動）と考えると理解しやすいと述べている。運動とはルネサンスのような知的運動，十字軍や宗教改革のような宗教運動，ピューリタン革命やフランス革命のような政治運動と同じ意味での運動である。これらの運動は，連続していて，再解釈され，誤解され，改造され，そして発展している。運動である宿命から，アカウントプランニングには最初から「知的で」かつ「政治的」であるという2つの要素を内包していた。知的要素とはアカウントプランニングについての考え方，すなわち原理や信条の違いである。「優れたクリエイティブアイディア」を最も重視するのか，それとも「調査」を最も重視し広告コンテンツを正しいものにするのかでは，根本のところで考え方に大きな違いがある。政治的要素とは「営業対アカウントプランナーの対立」，「クリエイティブ対アカウントプランナーの対立」，またその後米国で見られた「アカウントプランナー対従来の調査部やマーケティング部の対立」である。アカウントプランニングは当初から，広告調査，広告モデル，広告会社の役割，アカウントプランナーに必要な能力について大いに異なった考え方をもっていた。これらは認識論についての違いであり，どのような事実が意思決定に重要かという考え方の違いであった。

　図表5-2で，JWT方式とBMP方式の考え方の違いと共通点をまとめたが，クリエイティブ重視のJWT方式はTプランから，トンプソン・ウェイ，トンプソントータルブランディングへと発展し，その後の各社のマーケティングコミュニケーション戦略のひな型の1つとなっていった。調査重視のBMP方式は，ジョン・スティール（1998）やJ.シャイアットにより受け継がれていった。ポリットが当時主張したBMP方式の問題点は，調査の偏重と，アカウントプ

ランナーの数の多さにあると思われる。「広告コンテンツを正しいものにする」ために，すべてのクリエイティブ開発に質的調査を実施するのは，大変なコストと手間がかかり，クライアントや，営業や，クリエイティブの判断で，必要がないと思われるものまで調査される可能性が高い。ポリットによると，1978年には利益よりも品質重視の掛け声の下，ポリットの会社では1,200ものグループインタビュー調査が実施されたとある。また営業1人にアカウントプランナー1人という体制には少し無理がある。当時の営業は，日々のクライアントとの連絡交渉，予算の獲得，戦略決定，アイディア開発，クリエイティブ実制作，プロモーション，PR，販促物制作，メディアプラン，メディア購入，メディアへの原稿入稿，校正，キャンペーンの結果評価と膨大な日々の仕事をこなす。一方アカウントプランナーは，質的調査，量的調査，戦略策定，クリエイティブブリーフの作成，コンセプトの開発，結果の評価などが主な仕事で，営業と比較すると，業務範囲と量は7対3ぐらいである。アカウントディレクター（営業担当局長）は，担当クライアントの売上・利益，自社のコストと利益にすべて責任をもっている。自分達の3分の1しか仕事をしていない人間の人件費をまるまる抱える余裕のあるクライアントなどほとんど存在しないというのが実情である。さてこのようにスタートしたアカウントプランニングのその後の発展はどのようなものであったのか。次節では，米国や日本へのアカウントプランニングの導入と発展，デジタル化による変化，アカウントプランニングの将来について論じる。

2 米国における成立（1981年）

(1) 米国におけるアカウントプランニング成立以前の状況

① 社会経済状況と広告環境

米国は18世紀の終わり頃に，英国の植民地支配から脱却した。その後，豊富な資源と，広大な土地，世界中から集まった移民たちのフロンティアスピリッ

図表5-3 米国におけるアカウントプランニングの成立以前の状況

1908	スコット広告心理学
1914	第1次世界大戦開始
1917	アメリカ広告業協会創立
1922	アメリカ初のラジオCM放送
1924	ワトソン行動主義の心理学
1929	世界大恐慌
1936	NWエイヤーエイヤープラン
1940	米国第2次世界大戦参戦
1941	テレビの商業放送開始
1973	オイルショック
1973	ドルショック（金ドル兌換停止）
1975	ベトナム戦争停戦
1981	シャイアット，米へアカウントプランニング導入
1985	米対外純債務国へ転落

出所：筆者作成

トにより発展していった。2つの世界大戦に勝利し，世界の政治と経済のリーダーとしての地位を確立した。しかし独立から約200年，アメリカの「黄金時代」は終焉を迎えようとしていた。キンドルバーガー（2002）は米国の黄金時代の終焉は，1968年1971年ないしは1973年のいずれかであり，それは転換点としていずれを選ぶかにかかっているとしている。第1次オイルショックは1973年，ニクソン大統領によるドルショック（金ドル兌換停止）は1973年であり，1975年にベトナム戦争停戦が成立している。米国が対外純債務国へ転落したのは1985年である。

第1次世界大戦後の「黄金の20年代」を謳歌する少し前，1917年にアメリカ広告業協会は設立された。また第2次世界大戦後の「パクスアメリカーナ（アメリカの繁栄）」の少し前，1941年にテレビの商業放送が始まっている。世界経済をけん引した米国ではマスメディアが発達し広告やマーケティングコミュニケーションはその発展の大きな力であった。

　しかし，1958年にはパッカード（Packard, 1957）が『かくれた説得者』を著し，企業や広告会社による人々の欲求や消費のコントロールに鋭い批判を加えた。また1960年代中頃にはラルフネーダー（Nader, 1973）による消費者運動が起こり企業の環境汚染や反社会的な行動に批判が加えられた。1970年代の米国経済の悪化の原因を有賀（2002）は，①石油価格の高騰，②ヨーロッパや日本との競争の激化，③米国産業の空洞化にあるとしている。米国にアカウントプランニングが導入されたのは，英国同様，不況に苦しむ経済の停滞期であった。物の売れない厳しい時期に，企業のコミュニケーション活動をもう一度見直そうというなかでアカウントプランニングが導入された。**図表5-3**は，米国におけるアカウントプランニング成立以前の状況をまとめたものである。

②　広告クリエイティブ戦略

　マーケティング創成の地である米国は，現代広告のさまざまな仕組みや制度を作り上げた国でもある。米国の19世紀から20世紀への世紀転換期の思想界において大きな影響を持ったのは，チャールズ・S. パース，ウィリアム・ジェイムス，ジョン・デューイらによって展開させられたプラグマティズムの哲学であった。『原典アメリカ史』（1957，アメリカ学会訳編）は「彼らの哲学思想，教育思想が絶対主義を排して，知識を解放し，進歩を発見して，社会と生活を重視する立場に有効な支援を与え，もってアメリカの学問とやがてはニューディールに導く社会思想と各種の改革運動に与えた影響は全くはかりしれない」と指摘している。プラグマティズムの実践者ともいえるセオドア・ルーズベルト大統領の進歩主義の考え方は，広告の世界にも大きな影響を与えた。1908年にはスコットが『広告心理学』を著し，広告に心理学を応用する道筋をつけた。1912年には，「広告は科学だ」が信条のリーソーが最初のクリエイティブ戦略「Tスクエア」を開発した。1923年に発表されたホプキンスの著作は『科学的広告』であった。N.W.エイヤー社は1930年代に「エイヤープラン」と呼ばれる広告プランニングの方法論を開発していた（1954, N.W.Ayer）。行動主義心理学の始祖であるワトソン（Watson, 1930）は「行動主義者の立場か

らみれば，心理学は純粋に客観的実験的な自然科学の1部門である」と述べている。ワトソンは近代科学すなわち自然科学としての心理学を確立しようとしていた。ワトソンは広告会社の副社長を務め，モチベーションリサーチのパイオニアとして活躍した。

アカウントプランニング導入以前の米国の広告クリエイティブ戦略は，科学としての広告を基礎としたものであった。そしてクリエイティブは，クリエイターの才能に依存するものと考えられていた。

(2) 米国におけるアカウントプランニングの成立

① ジェイ・シャイアットによる導入

米国にアカウントプランニングを導入したシャイアットのシャイアット・デイ社は，1968年にロサンゼルスの海岸近くで創業された。当時はヒッピー文化が花開き，ベトナム戦争反対の学生運動があり，カウンターカルチャーの中心であった。その頃の大手広告会社の集まる，ニューヨーク・マディソン街ではなく，カリフォルニアの太陽の下で，彼は広告の革新に挑戦した。シャイアットの大きな功績の1つが，米国へのアカウントプランニングの導入であった。

1981年シャイアットは，英国BMP社出身のアカウントプランナーであるジェイン・ニューマンを入社させ，米国に初めてアカウントプランニングを導入した。『アカウントプランニングが広告を変える』の著者であるジョン・スティール（Steel, 1998）は，シャイアットの「アカウントプランニングはこれまでに開発されたもののなかで最高のビジネスツールだ」という言葉を紹介している。シャイアットの会社は，1980年代の最も優れた広告のベスト10の約半数を占めるという成功を収める（Advertising's Ten Best of The Decade 1980-1990）。シャイアットの成功の理由を，アド・ウィーク誌（AD WEEK, 2002）は，①才能や知性が花開くようにフラットな組織を心掛けたこと，②クリエイティビティをよく理解しておりそれをサポートしたことをあげている。シャイアットは常に超越を求めていた。社員に「世界の基礎を揺るがすようなものを創れ」とはっぱをかけた。シャイアットはリスクを積極的にとることでも有名だった。

こんな言葉を残している「私は2年かそれぐらいごとに何か新しいことを始めないと気が済まないのだ。自分の広告会社においてまた，自分の私生活において。リスクを取ることが私にエネルギーを与えてくれる。私はそれをやめることができない」米国へのアカウントプランニングの導入も新しいものに挑戦するシャイアットの気質のおかげであったかもしれない。シャイアットが亡くなった2002年のアド・ウィーク誌は，1960年代にビル・バーンバックの始めたクリエイティブ革命は60年代末には終わりをむかえようとしていたが，シャイアットはそれを再生させただけでなく，80年代90年代に開花させたと称えている。

　2008年にアカウントプランニングの40周年を記念した講演で，スティール（Steel, 2008）はアカウントプランニングがうまく機能するためには，①正しい目的を設定し，②そのための正しい活動をすることだと主張している。それに必要な3名の重要な人々として，心が広く大志を持ち忍耐力のあるクライアント（広告主），名誉を重んじる広告会社の営業担当（アカウントディレクター），才能を持ち自信に満ちたクリエイティブディレクターをあげている。シャイアットの会社には，アカウントプランナーの周りにこれら3人の人々が確実に存在したのである。ただ現実のビジネスの世界では，これら3人が常に存在するとは限らない。米国でのその後の，アカウントプランニングの発展を見ていこう。

②　米国4A'sとアカウントプランニングのその後の発展

　米国のアカウントプランニング発展において，アメリカ広告業協会（4A's）の存在を忘れてはならない。1981年にシャイアットにより導入されたアカウントプランニングは，80年代のシャイアット・デイ社のクリエイティビティに富んだ広告の成功により定着していった。そして1990年にはアメリカアカウントプランニンググループが設立された。1990年から1995年までは，毎年ボランティアの広告会社の持ち回りで50〜100人規模のプランナーを集めたコンファレンスが開かれていた。しかし1996年には参加者が200人以上になり1社のボ

ランティアに頼るのはむずかしくなった。1997年からはアメリカ広告業協会との共催という形になった。2000年に行われたアカウントプランニングコンファレンスは，参加者が過去最高の958人を数えるまでになった。

　1992年，93年，96年には，4A'sのアカウントプランニングコミッティによりマネジメントシリーズ「アカウントプランニング」が作成された（AAAA,1996）。29ページに及ぶその冊子には，広告会社が新しくアカウントプランニングを導入する方法と手順，広告会社の将来にむけたアカウントプランニングの必要性が述べられている。コミッティのメンバーであり，米国にアカウントプランニングを導入した本人である，BMP社出身で元シャイアット・デイ社のプランナー，ジェイン・ニューマン（Newman, 1996）が序文を寄せている。ニューマンは1981年には米国に1人もいなかったアカウントプランナーが95年には250名を超えた事実を述べる。そしてアカウントプランニングが原理としてうまく働くには4つの要素，①正しい人，②正しい組織，③正しいプロセス，④正しい企業文化が必要だと主張している。ニューマンは，アカウントプランニングはすべての人にとってのものではないし，すべての広告会社にとってのものでもない，またすべてのクライアントにとってのものでもないと言っている。ニューマンは，出身のBMP流の調査重視のアカウントプランニングのよい点も，欠点も熟知していたに違いない。アカウントプランニングをあるビジネスに導入しようとするなら，コミットメント（約束をしたうえでの献身），忍耐，厳しい仕事，経営層からのサポートが必要だとしている。ニューマンの言葉の裏には，米国の大手広告会社における，既存のマーケティング部や調査部門からの反発，営業やクリエイティブからの反発，それらの人々の肩をもつメディアコミッションに依存したビジネスをしている当時の経営者があった。4A'sの冊子の執筆者にはのちにアカウントプランニングの歴史に名を残す『アカウントプランニングが広告を変える』のジョン・スティールの名も見られる。こうして米国でゼロから1,000人近くにまで成長したアカウントプランナーであったが，歴史の大きな波にぶつかる。2001年に起きたアメリカ同時多発テロと，インターネット企業への過剰投資の招いたネットバブルの崩壊という2つ

の大波である。この衝撃は米国広告業界を直撃し，アカウントプランニングコンファレンスは中止を余儀なくされ，アメリカアカウントプランニンググループは2003年にアメリカ広告業協会に吸収合併される。

3　日本における成立とその後（1992年）

(1)　日本への導入

　アカウントプランニングの日本への紹介は，1992年小林保彦による日本広告学会全国大会での研究発表が最初である。この発表を元に，小林は「アカウントプランナー論―これからの広告会社の企画活性化を探る―」（1992年，青山経営論集27巻第3号）を表した。このなかで小林は，アカウントプランナーとは何か，アカウントプランナーの歴史，なぜアカウントプランナーを導入するのか，また初期の論争等を論じて，日本にアカウントプランニングを導入した。当時の日本は，1989年12月に3万8,915円をつけた株価が暴落しバブル経済が崩壊，失われた20年といわれた経済の停滞期に入ろうとするところであった。英国の1968年，米国の1981年同様，日本へのアカウントプランニング導入は，経済の停滞期であった。アカウントプランニングは，経済の厳しい時期に，それをなんとか打開しよう，社会や経済をより良い方向へもっていこうとする大きな動きのなかで，広告やマーケティングコミュニケーションの世界で起こった運動であったといえる。小林はその後，『広告ビジネスの構造と展開』(1998)，『アカウントプランニング思考』(2004) とこれらにつづく多くの論文により，日本へのアカウントプランニングの定着に努めてきた。小林 (2007) は日本でのアカウントプランニングの定着は「日本型アカウントプランニング」と呼べる営業代行型が中心であったと指摘している。なお，少数の外資系広告会社では80年代中頃からアカウントプランニングが導入されていたが，これは例外であり日本の大手広告会社への紹介は前述のとおりである。

　欧米の広告会社は1業種1社制の原則の下，同じカテゴリーのクライアント

を1つの広告会社が担当することはできない。しかし日本では，1業種多社制の下，同じ業種のクライアント複数社を1つの広告会社が担当できる。売上高上位3社の広告費全体に占める割合は，4割にせまり寡占状況にちかい。日本の広告会社は，マスメディアの扱いを量によって独占し，支配してきた。2000年頃までは，メディアコミッション中心のビジネスを展開してきていた。そこでは，アカウントプランニングの扱う戦略やクリエイティブはいわばおまけであり，それほど重視されていなかった。それにもかかわらず小林の紹介以降，大手広告会社に次々とアカウントプランニングを扱う専門部門が誕生していった。しかし大半の広告会社に戦略を扱う専門部門がある欧米に比べると，「日本型アカウントプランニング」と小林に言わしめたのである。そこにデジタル化の大波がやってきて，日本の広告会社も変わらざるをえなくなっていく。

(2)　ジョン・スティールとJ.M.ドリュー

　BMP社出身のスティール（Steel, 1998）は，アメリカ広告業協会のアカウントプランニング委員会に属していたが，1997年に『アカウントプランニングが広告を変える』（原題，Truth Lie and Advertising）を著しアカウントプランニングのさらなる発展に貢献した。スティールは1984年にロンドンのBMP社に入社し，ポリット流のアカウントプランニングを叩きこまれた。その後渡米し，グッビー・ベルリン&シルバースタイン社で1989年にプランニングディレクターに就任し，アカウントプランニングを駆使したキャンペーンで会社の売上を10年で10倍にする。スティール（2000）は，アカウントプランニングは消費者を広告制作に巻き込む手法だと述べている。またポリット直伝の，クライアントの現在の広告を正しい姿にするという主張を行っている。スティールの考え方の基礎には，新しいモデルの広告が必要とされているという背景があった。それは，消費者は人々であり，複雑な存在であるという事実を理解する必要があるということであった。消費者はエモーショナルで，予測不能で，物そのものよりも物との関係を重視するという考え方である。

　これは当時話題となっていたポストモダンマーケティングの考え方に近い。

図表5-4　アカウントプランニングの発展

1968	英アカウントプランニング創始
1979	英アカウントプランニンググループ設立
1981	米アカウントプランニング導入
1990	米アカウントプランニンググループ設立
1995	ブラウンポストモダンマーケティング
1996	ドルーディスラプション
1996	Google創業
1998	スティールアカウントプランニングが広告を変える
1998	Amazon創業
2003	4A'sアカウントプランニング会議
2006	Facebook創業
2007	Apple　iPhone発売
2010	4A'sストラテジストフェスティバル開始
2018	アカウントプランニング50周年

出所：筆者作成

　ブラウン（2001）のいうポストモダンの消費者の特徴は，脈絡に乏しいライフ
スタイルや行動をし，気分，気まぐれ，移り気を特徴としている。彼らはアイ
デンティティが断片化し，首尾一貫していない。井関（1991）は，昭和の時代
（1989年まで）は「1人1色」の消費者，つまり人々がそれぞれのスタイルを
持ち，ライフスタイル分析によるセグメンテーションが有効であった時代とし
た。これが平成の時代（1989年以降）に入り「1人10色」の消費者，すなわち
みずからの行動原理を文脈に応じて使い分ける消費者に変化したと主張した。
　1995年にウィンドウズ95が発売されて以降，デジタル化が進展し，2000年代
に入ると，一気に経済も，社会も，メディアも，大きく姿を変えていく。ド
リュー（Dru, 1996）は『Disruption』を著し，プランニングの新しい挑戦を
試みた。プランニングの新しい考え方が英米でなくフランスから出てきたのは
興味深い。彼はアカウントプランニングの考え方に新しい側面を付け加える役
割をはたした。ドリューの考え方は，3つの段階を踏む，Convention（因習），

Disruption（破壊），Vision（ビジョン）がそれである。Convention（因習）で，市場の課題を特定する。それはマーケットリーダーの暗黙知であることが多い。それが往々にして顧客のメリットのリミテーション（制限）となっている。コミュニケーション分析，ユーザー分析，企業分析等により，成長を阻害している一番の要因を特定する。次にDisruption（破壊）でその要因を，文化と考え方の両面からとらえる。そしてその２つを破壊することを考える。最後にVision（ビジョン）で企業がありたい姿，顧客にこう思われたら勝てるという将来のビジョンをたてそれに向かって活動を組み立てていく。３段階のわかりやすい構成で，ポストモダンの時代に合致したものともいえる。スティールとドリューは，90年代の後半から2000年代前半におけるアカウントプランニングの成長に大きな役割をはたした。

④ アカウントプランニングの意義とデジタル化（2000年代以降）

(1)　社会経済的変化

　2000年以降世界を大きく揺るがし，それまでの社会や経済の枠組みを変えるような出来事が相次いだ。2001年９月11日，米国同時多発テロが発生し世界を震撼させた。また米国では2001年にITバブルが崩壊し，一時5,000ポイント以上あったナスダック市場の株価は５分の１に暴落した。この２つの出来事は米国の社会と経済に大きな打撃を与えた。前述したようにアメリカアカウントプランニンググループも，2003年にはアメリカ広告業協会に吸収合併された。

　1996年にはグーグルが創業する。のちに検索により，世界を圧倒していく。1998年にはアマゾンが創業する。ネット通販により，アマゾンエフェクトといわれるように，世界の小売流通の世界を大きく変えていく。2006年にはフェイスブックが創業し，ソーシャルメディアによって，メディアの世界，人々のコミュニケーションの世界を，一方向から双方向に変える。そして2007年にアッ

プル社がiPhoneを発売し，スマートフォンによりネットとの常時接続が普通になり，人々の生活を大転換させる。現在，世界のIT業界で圧倒的な力を持つGAFAと呼ばれる4社がここまで成長してきたのはこの20年と少しの間のことであった。これと反比例するように20世紀型の産業や，業界は大きな変化の波のなかにある。マスメディアを中心とした広告やマーケティングコミュニケーションも例外ではない。日本でも2019年ついにテレビが広告費全体の1位の座をインターネットにあけわたした。米国，中国，イギリスなど世界の多くの国では広告費の1位は，すでにインターネット・ソーシャルメディアなどのデジタルメディアとなっている。

2008年には，100年に1度といわれたリーマンショックがあった。米国発のバブルの崩壊が世界を襲い大きな傷跡を残していく。しかしこの不況もGAFAを中心としたデジタル化の進展を阻むことはなかった。

(2)　デジタル化とアカウントプランニング

デジタル化の進展による，広告コミュニケーションの変化とはどのようなものであっただろうか。20世紀型の広告コミュニケーションは，テレビ，新聞，雑誌，ラジオ等の限られたメディアを中心に，限られた時間，場所，デバイス（情報端末）で，一方向に情報を伝達することを中心に行われていた。21世紀型の広告コミュニケーションは，インターネットでつながったソーシャルメディアやウェブを中心に，マスメディアなどを含む多くのメディアで，いつでも，どこでも，見たいものを，見たい時に，双方向でやり取りする。そこでは，伝達だけでなく，共有や，共感，参加がコミュニケーションの中心に変わってきている。時間的な特徴では，スピードが求められることであり，日々刻々と変化する情報の流れのなかで，すぐに対応できる，走りながら対応できるようなプランニングが求められている。

小林（2007）は「二十世紀マーケティングを進展させた近代科学手法は，マーケティング活動に過剰な専門分化と機能分化の弊害をもたらし，ものの見えなくなる構造を作り上げてしまった」と指摘している。そのうえで，全体的

動態認識の重要性を強調したIMC（Integrated Marketing Communication）運動がこれまでのマーケティングに変革を求めたと主張している。

　ケリーとジュージンハイマー（Kelly et al., 2015）は，現在のアカウントプランニングの変化を「専門化」と「複雑化」という観点から分析している。デジタル化によるメディアの多様化，複雑化によりマスメディア全盛時代には広告会社が一括して受けていたブランド関連業務が，専門の広告会社，PR会社，ソーシャルメデャア会社，デジタル広告代理店，戦略専門会社，クリエイティブ専門会社，モバイルマーケティング会社，サーチマーケティング会社等に別々に依頼されるようになったというのである。これは全体戦略を立てるプランナーと，各専門分野のプランナーという役割分化をもたらした。現在では，アカウントプランナーとよばれた全体戦略を立てるプランナーのほかに，広告プランナー，ダイレクトマーケティングプランナー，PRプランナー，ウェブプランナー，ソーシャルメディアプランナーといった具合にプランナーの専門分化も進んでいる。ケリー他（Kelly et al., 2015）は，デジタル化の進展に伴う情報量の急激な増加に触れている。あまりにも情報が氾濫したためにかえって，企業やブランドがターゲットとしたい人間を見定めることがむずかしくなってきたというのである。アカウントプランニングは元々，マス広告型の広告プランニングにおいて，優れたクリエイティブアイディアを開発するために消費者のインサイトを活用して，効果をあげようというものであった。デジタル化のアカウントプランニングに与えた影響については，佐藤・村尾（2016）の第一線のアカウントプランナーに対する調査でも指摘されている。それは，「デジタルやソーシャルなどメディア状況が変化し，複雑化したことへの対応」，「態度変容から，行動変容への流れ」，「ソーシャルリスニングの重要性。シェアやエンゲージメントについての対応」，「参加という考え方の登場」などが留意点としてあげられていた。

(3)　アカウントプランニングの将来

　アカウントプランニングが50周年を迎えたことはすでに述べた。バルモア

（Bullmore, 2008）は，2008年にロンドンのJWTで開催されたアカウントプランニング40周年の記念式典で「二律背反への賛美」という講演を行っている。彼は歴史を振り返り，人類が直面した真の問題には常に二律背反が存在したと主張する。それは秩序（Order）と自由（Freedom）の対立である。アカウントプランニングに関していうと，それはキング（1989）の主張した，科学（Science）と芸術（Art）または，論理（Logic）と直観（Intuition）の対立である。秩序とは，中央集権的なコントロールや，原理や形式（フォーマット）の重視という考え方である。合理主義を基礎にした，近代科学主義の考え方である。自由は，リスクや，ギャンブルや，クリエイティブな創造力を重視する考え方である。バルモアは，われわれが本当に必要としているのは，秩序か自由か，すなわちAかBかの選択ではなく，AもBも同時に満たすものを探すことであると主張する。それは，科学と芸術の融合であり，論理と直観の合体である。アカウントプランニングを論じる時に対立するものと思われがちな，戦略とクリエイティビティをどちらも満たすものを探すべきだというのである。

　現代ではGAFA（Google, Amazon, Facebook, Apple）によるデジタル支配の弊害が問題視されている。フリーモデルによる個人情報の過剰な取集とその無断活用が大きな批判にさらされている。ヨーロッパ連合（EU）では，2019年に制定されたGDPR（一般データ保護規則）により個人の忘れられる権利を保障し，域外への個人情報の持ち出しを規制し，個人情報をより保護していこうという方向に向かっている。米国や日本もこの流れのなかにある。またメディアの世界では，フェイクニュースが跋扈し，危険な動きも出てきている。

　このような時代にこそ，アカウントプランニングの原点である，優れたアイディアにより人の心を動かして，経済や社会や国や地域を豊かなものにするという立場に，戻るべきではないだろうか。その基礎となっているのは，広告やマーケティングコミュニケーションを個別・専門化したものとしてとらえるのではなく，複雑な人間や，社会や，経済を全体としてとらえる全体的動態認識の方法としてのアカウントプランニングの考え方である。消費者や生活者の本音（インサイト）をさぐることは，市井に生きる普通の人々の悲しみや喜びに

寄り添い生きること以外からは決して生まれないということを，広告やマーケティングコミュニケーションに携わる人間は忘れてはならない。現在の名称は，戦略プランナーや，マーケターや，ストラテジストやマーケティングリサーチャーなどさまざまであるが，キングやポリットの発案したアカウントプランニングの考え方は，いつの時代にも活用できる有用な方法でありつづけるはずである。それはデジタル化がいかに進もうとも，人の心は変わらないことをもう一度肝に銘じることでもある。

第 **Ⅲ** 部

現代の創造性と戦略

第6章

アメリカ戦略プランニングの展望（アメリカ広告業協会）

1 はじめに

　第Ⅱ部ではアカウントプランニングの起源と歴史に触れたが，本章では今後の展望について，アメリカ広告業協会が毎年開催する戦略プランニングのコンファレンス，ストラテジー・フェスティバルの動向を軸に考える。

　具体的には，アメリカ広告業の戦略プランニングの発展の歴史を概観した後，過去のストラテジー・フェスティバルにおける議論や論文から，アメリカの戦略プランニングの現状と課題を分析する。そのうえで，筆者が参加した2015年のストラテジー・フェスティバルにおいて取り上げられていた戦略プランニングに関する最新の課題を紹介する。

　あわせて，アメリカ広告業協会のストラテジー・フェスティバル担当，エグゼクティブ・バイス・プレジデントのモーリー・ローゼン氏に実施した戦略プランニングについてインタビュー内容を紹介する。

　なお，本章において，戦略プランニング，アカウントプランニング，また略してプランニングは同義として扱っている。

② アカウントプランニングの発展と4A's

⑴ 4A'sストラテジー・フェスティバル

① 4A'sアメリカ広告業協会

アメリカ広告業協会（American Association of Advertising Agencies。以下「4A's」と表記する）は，第1次世界大戦中の1917年に設立された。2017年には設立100周年をむかえた，全米の700社を超える広告会社が加盟する世界最大の広告業の団体である。加盟会社は，全米に1,200，米国外に1,800の事業所を持ち，取扱高は全米の総広告費約48兆円の80％を占める。加盟会社の半数は，WPP，インターパブリック，オムニコムなどのホールディング会社関連，残りの半数が独立系の会社である。

② ストラテジー・フェスティバル

ストラテジー・フェスティバルは，4A'sが毎年秋に開催する戦略プランニングに関するコンファレンスである。

ここではウェブを含むアメリカ広告業界の，戦略プランニングに関する現在の課題の本質が議論されている。参加者は，全米の広告会社，メディア，ウェブやソーシャルメディア関連企業の戦略プランナーで，300人以上集まる。

2日間にわたり，講演，ワークショップおよび優れたキャンペーンの戦略プランナーを表彰するジェイ・シャイアット賞の表彰が行われる。

ストラテジー・フェスティバルの起源は，1990年に設立された戦略プランナー（アカウントプランナー）の団体であるアメリカ・アカウントプランニング・グループ（APG）により開催されたアカウントプランニング・コンファレンスだ。1993年には，優れたキャンペーンのプランナーを表彰するアカウントプランニング賞が創設された。

2003年にアメリカ・アカウントプランニング・グループは，アメリカ広告業

協会に吸収され，会議も4A'sアカウントプランニング・コンファレンスと名称を変える。アカウントプランニング賞も名称をジェイ・シャイアット賞に変えた。2010年から会議は，4A'sストラテジー・フェスティバルという名称になり現在に至っている。

　会議の目的は，戦略プランナー達が，自社とクライアントに対しプランニングのリーダーとなれるように，ビジョン（洞察力）とインサイト（見識）と実用的なスキル（技術）を提供すること。それにより，アメリカの戦略プランニング全体を活性化することである。また，ジェイ・シャイアット賞を通じて，戦略プランナーの優れたマーケティングコミュニケーションに対する貢献を祝福する機会でもある。

(2)　アメリカにおける戦略プランニングの現状と課題

①　戦略プランニングの環境変化

　ストラテジー・フェスティバルの会場で配布されたアド・マップ誌2015年10月号に，メディア別の広告費の各国ごとの予想が掲載されている。それによると，イギリス，オーストラリア，中国ではインターネット広告費がテレビを抜いて，メディア別広告費の1位に躍り出ている。イギリスでは，インターネットが45.6%，テレビが28.2%。オーストラリアでは，インターネットが38.2%，テレビが31.8%。中国では，インターネットが49.4%，テレビが30.5%となっている。アメリカでは，インターネットが34.5%，テレビが38.3%と両者が拮抗してきている。ちなみに，日本は，インターネットが21.8%，テレビが42.6%だが，前述のように2019年にインターネットがテレビを逆転した。

　近年のデジタル化の進展により，メディア環境は大きく変化した。情報の流れは，一方向から，双方向になった。メディアのデバイスは，マス4媒体中心から，スマートフォンなど，さまざまな種類のデバイスに拡大した。コンテンツは，かつてはメディアのプロが作成していたが，今では誰もが自由に作成し発信できる。情報の伝わり方は，伝達から，共有と拡散に変化した。このような変化の下で，アメリカにおける広告やマーケティングコミュニケーションの

戦略プランニングはどのような課題を抱えているのだろうか。

②　戦略プランニングの課題

　戦略プランニングは1960年代後半に，広告クリエイティブ戦略の開発のためのアカウントプランニングとしてスタートした。その後1990年代以降の広告のIMC（統合マーケティングコミュニケーション）化に伴い，プランナーの業務範囲も，クリエイティブ戦略中心から，メディア・プロモーション，ダイレクトマーケティング，PRなどへと広がりを見せた。そして，近年デジタル化の進展で，さらなる変化を求められている。戦略プランナー達は現在，急激に変化するビジネス環境の下，その変化にいかに適応し答えていくかという挑戦にさらされている。変化の中心はリアルタイム化だ。

　マーシャ・アペル（Apple, 2013）は，現在プランナーと戦略プランニングの価値が，3つの点で挑戦を受けていると指摘している。第1は，クライアントが戦略プランニングに対してお金を払わない。目に見えるリターンがないと価値を見出さないという挑戦。第2は，クリエイティブが戦略プランニングに価値を見出さない。プランナーなしで自分達は仕事ができる。プランナーはクリエイティブのアイディアの飛行機を飛ばす助けにならないという挑戦。第3は，広告代理店の営業が戦略プランナーの価値を見出さない。そんな戦略なら自分達で考えられる。何もプランナーの意見を聞く必要はないという挑戦である。

　実務のうえでは，戦略プランニングの役割を，調査や，クリエイティビティや，ビックデータや，イノベーションや，ビジネスゴールや，コンテンツとの関係で再定義する必要性に迫られている。

③　伝統的プランニングと現在のプランニング

　2015年7-8月号のアドマップ誌（ADMAP, 2015）で，伝統的な戦略プランニングから，デジタル化した現在の戦略プランニングへの変化について述べられている。

　伝統的なマーケティングの戦略プランニング開発は，比較的ゆっくりとした製品開発サイクルに結びついて，1年から数年の開発計画を展開してきた。ビジネスにおいて1年，3年，5年，10年のスパンでの戦略の指針を掲げ，そのうえで実際の実施計画である戦術を実施してきた。この水平的と呼ばれる戦略プランニングは，戦術の戦略への従属を基礎にしている。戦略と戦術の意味は，連続して行われるサイロ（個別の活動）として明確に区別されている。つまり戦略プランが完成して初めて，戦術である実施案が実行される。一度定めた戦略が変更されることは稀である。かつてはこのやり方でうまくいっていたが，現在このやり方は大手広告会社でも限られたものになりつつある。

　インターネットとデジタル化の進展は，かつてないほどに消費者に力を与えた。今やブランドは自分のメッセージを，ただ伝えるだけというわけにはいかなくなった。消費者は，多くのソーシャルメディアやブランドのタッチポイントで，ブランドをコントロールできる。急激に変化するデジタルメディアの環境下では，アジャイル（機敏な）プランニングと，リアルタイムの実施策が要求されている。アジャイル（機敏な）プランニングには，以下のような特徴がある。①タイムリーかつ柔軟に対応することを可能にする。②世界で起きていることの鼓動を聞くことができる。③現在起きているミクロとマクロのトレンドが反映できる。④魚（コアターゲット）がいるところを泳げるようになる。現在のアジャイルプランニングは，伝統的な戦略プランニングの戦略・戦術の順番どおりのサイロ的な実践をやめることを要求する。アジャイルプランニングでは，素早く動き，早く方向を変え，一定期間その戦略に集中でき，昔のようにプランナーが1カ月間戦略を準備するのを待つことなく戦略を実施案につなげることができる。

3　ストラテジー・フェスティバル2015

(1)　アダム・フェリエールによるキーノートスピーチ

　2015年のキーノートスピーチは，『広告効果―行動をいかに変えるか―』（The Advertising Effect – How to Change Behavior –）の著者であるアダム・フェリエール（Ferrier, 2014）による「行動をいかに変えるか」であった。フェリエールは，オーストラリアの広告会社，ネイキッドコミュニケーションズの創設者で，世界の主要広告賞を多数受賞している。著書によるとフェリエールの考え方の基本は以下の2点である。「すべての広告は，人々の行動を変えさせるためのものである」と，「ブランドが消費者の行動を効果的・効率的に変えられるなら，その広告はいい広告だったという事である」そのために，①変えるべき行動を定義し，②行動に変化を起こす準備をする，という行動変革の2つのステージが重要だとするものだ。

　講演のテーマは，「マーケターはもっと，ブランドの不完全さと否定的な点に焦点をあてるべき」という刺激的なものだった。今日の消費者と一番強くつながれ，ブランドのロイヤリティー向上につながるには，ブランドの不完全さを活用すべきだという主張だ。この根拠として，心理学の2つの理論を紹介した。1つは「しりもち効果」と呼ばれるものだ。成功している優れた人が，会議でコーヒーをこぼすなどの失敗をすると，その人により親しみが増しより好きになるという効果だ。しかしあまりぱっとしない人が同じことをすると，効果は逆になる。もう1つの理論は「ベンジャミンフランクリン効果」だ。これは，誰かにあなたを好きにさせる一番の方法は，お願いして，その人にあなたのために何かをやってもらうことで効果を出すということをいう。これは，ブランドにも当てはまり，失敗したり困ったりしているブランドの改良に消費者に一役かってもらい，それによってブランドを好きになってもらうという方法だ。この方法で成功した事例として，ニューヨークでだけ人気だったスナップ

ルという飲料を，ソーシャルメディアなどであまり好まれていなかった全米に広めた例が紹介された。また，味がいま一つ物足りなかった北米のドミノピザが，味の改良に消費者を巻き込み成功した例が紹介された。

⑵　RG／Aのグローバルストラテジーオフィサーの講演

　グローバルチーフストラテジーオフィサーのバリー・ワックマン（当時）が講演した。講演のタイトルは，「みんながつながる時代に，ブランドをいかにつくるか」だった。彼はクライアントが，みんながつながる時代に，3つの破壊に直面していると指摘した。①ビジネスの破壊，②商業（小売）の破壊，③コミュニケーションの破壊，がそれである。詳しく言うと，①ほとんどすべてのビジネスカテゴリーが結びついてしまい，それらとの間の製品やサービスを創り出す競争によるビジネスの破壊。②オムニチャネルでの購入経験の増大による商業（小売）の破壊。③ブランドのメッセージ伝達におけるボトムアップの社会カルチャーの増大による，コミュニケーションの破壊がそれだ。

　かつてコミュニケーションは，視聴者にビッグアイディアを伝えるトップダウンカルチャーだった。そこでは，「ストーリーを伝える」がキーワードだった。デジタル化の進展した現在は，参加者みずからが作りシェアするボトムアップカルチャーへと変化した。そこでは，「行動を促す」がキーワードになる。現代には，「ストーリーを伝える」と「行動を促す」をかねそなえた「全的アイディア」が必要になった，と強調した。

　また現在の戦略プランナーには2つの役割があると主張した。1つは<u>ファンデーション（基礎）プランナー</u>としての役割。これは，ブランドを定義するのを助け，ブランドがよって立つ枠組みを構築する仕事。もう1つが，<u>アクティベーション（活性化）プランナー</u>としての役割。これはブランドがよって立つ枠組みに命を与え，実際の活動へと導く仕事。それに，双方向時代のプランナーに必要なものは，過激なまでにシンプルであることと，課題の解決のために柔軟であることであると主張した。

(3)　クリエイティビティのビジネス

　クライアントと，広告代理店の両方の経験を持つ，プルデンシャルセンターとNHL（ナショナル・ホッケー・リーグ）ニュージャージー・デビルスのCMOであるＤ氏が「クリエイティビティのビジネス」と題した講演をした。Ｄ氏をはじめとするクライアントは，クリエイティビティに関して，「正しさ」と「偉大さ」の戦いの間にいるという。正しいクリエイティブと，偉大なクリエイティブの戦いだ。正しいクリエイティブ作品は，明確さを定義し，可能性を知らせる。しかし，正しいクリエイティブ作品の特徴は，つまらなくて，乱作され，賢く，安全であり，簡単に調査できる。一方，偉大なクリエイティブ作品は，可能性を定義し，不可能を推し進める。偉大なクリエイティブ作品の特徴は，むずかしくて，念入りにつくられ，ばかげていて，リスクがあり，ほとんどが調査で落とされる。Ｄ氏の主張は，正しさではなく，偉大さをめざせだ。

　またＤ氏はこう強調した。クライアントが欲しいのは，単なるアイディアではなく，ビジネスの課題を解決するソリューションである。そのためにはクライアントがいかにして利益を上げているのかを真に理解し，それに貢献する解決策としてのクリエイティブを提案してほしいと。

(4)　2015年のジェイ・シャイアット賞グランプリ

　2015年のジェイ・シャイアット賞のグランプリには，アンダーアーマー社の「私の意志のままに」（I WILL WHAT I WANT.）が選ばれた。受賞したDroga５社のシニアストラテジスト，カンダンス・チェン（当時）が戦略の概要をプレゼンテーションした。

　かつてアンダーアーマーは，コアのアスリートに愛されるブランドとして，超男性っぽく，男性ホルモンのイメージを持っていた。コアのアスリートでない，多くの女性には拒否される存在だった。そのブランドイメージを変えるべく，女性が現在悩んでいる問題に目をむけることにする。現状，女性は貧困や

仕事と家庭（家事・育児）の両立など，多くの社会的なプレッシャーにさらされている。これに対するブリーフは，女性に対して以下のエンゲージメント方針を取る。①女性を，誰の許可ももらう必要のない存在として際立たせる。②アンダーアーマーが機能以上のものを提供する証明をする。③女性たちのコミュニケーションに火をつける，の３点だ。このブリーフで生まれたキャンペーンが，「私の意志のままに」だ。女性が悩んでいるさまざまな問題に目を向け，外部の意見や文化的なプレッシャーを明らかにした。そして，このプレッシャーにフィットネスで戦うトップモデルや，貧しさからはいあがり黒人でプリマドンナに登りつめたバレリーナなどを紹介し，自分の人生は自分で決められるということを宣言させた。その結果女性の圧倒的な支持を受け，女性をサポートするブランドのイメージを強化し，アメリカでの売上やシェアの上昇に貢献した。

⑸　ストラテジー・フェスティバルのまとめ

　2015年のフェスティバルのポイントをまとめると以下のようになる。

①　ブランドの不完全さを活用して消費者の参加や絆を深める，新しい戦略の紹介があった。

②　現在の戦略プランニングには「ストーリーを伝える」トップダウン型と，「行動を促す」ボトムアップ型との合体が必要である。

③　クリエイティビティのビジネスでは，「正しいクリエイティブ」ではなく，「偉大なクリエイティブ」をめざすべきだが，クライアントのビジネスへの貢献が効果指標である。

　また，従来からストラテジー・フェティバルで，将来を担う戦略プランナーに必要な点として主張されてきた点は以下の５点である。①ビジネスの課題への挑戦に情熱を持て。②課題を定義する達人になれ。③きびしい質問をしろ。④さまざまな壁をぶち破れ。⑤スピードと機敏さを実践しろ。

⑹　4A'sモーリー・ローゼン氏のインタビュー

　4A's（アメリカ広告業協会）のストラテジー・フェスティバル担当エグゼクティブ・バイスプレジデント（当時）のモーリー・ローゼン氏に，アメリカの戦略プランニングとストラテジー・フェスティバルについてのインタビューを実施した。

Q１：2015年のストラテジー・フェスティバルの，主要な焦点は何ですか。
ローゼン：プランニング3.0と呼んでいます。それは，戦略プランナーが将来に対して準備をするという意味です。広告業界は，信じられないくらいのスピードと規模で変化しています。人々の心のなかにある言葉は破壊（Disruption）です。私達は，戦略プランナーがその文脈に対して重要な価値があるだけでなく，変化のリーダーになることが重要だと考えています。

Q２：現在のアメリカにおける戦略プランニングの問題点はなんだと思われますか。
ローゼン：戦略プランニングのプリンシプル（原理）に対する挑戦は，広告代理店のクリエイティブ部門が作成する広告やコミュニケーションの成果物に対して，プランニングが重要な助けとなっているかということです。時々クライアントが戦略プランニングに対してお金を支払うのがむずかしい時もあります。クリエイティブの成果物に対する価値が理解しにくかったり，広告代理店のなかできちんとした部署として，適切な人間が配置されているのかがわかりにくかったりするからです。同様に，戦略プランニングの原理は，広告業界全体にならって変革をしようとしていることで，挑戦を受けています。歴史的に戦略プランニングの原理は，少しブラックボックス（他人からよく見えないところ）のなかで働くようなものでした。その意味するところは，プロジェクトが広告会社にくると，戦略プランナーは１人になりクリエイティブブリーフを完成させ，それをクリエイティブに手渡すといった具合です。

　今日の，より素早い，リアルタイムの世界では，そんなやり方は許されません。戦略プランニングはより協働的に，より双方向に，より早くという変革を必要とされています。戦略プランナーはかつて時間をかけて完璧な答えを持ってきたものですが，現在の仕事のやり方はそれを許してくれません。ストラテジー・フェスティバルにおいて多くのスピーカーがこのことを話すのを聞かれたと思います。特にこの点を強調したのは，グーグルのテイラー氏です。現在クライアントは，ビッグでブレイクスルーなアイディアを求めています。しかし一方で彼らは，信じられないくらいリスクを取ることに反対します。その結果，よくも悪くもない並みのクリエイティブが生まれ，それこそが本当のリスクになります。なぜなら，それは誰にも気づかれないわけですから。

　私が信じている将来に向けての戦略プランナーの役割の1つは，広告会社とクライアントに対して，理論とビジネスの解釈で裏付けられた戦略によって，リスクを取る手助けをすることだと思っています。

Q3：ジェイ・シャイアット賞についてお聞かせください。
ローゼン：ジェイ・シャイアット賞は，ストラテジー・フェスティバルで，優れた戦略プランニングが顕著なキャンペーンに対して贈られるものです。今年で19回目になりました。ジェイ・シャイアット氏の，アメリカ広告業界への戦略プランニングの原理の紹介と確立への貢献に対して，彼の名前が付けられています。クリエイティブの素晴らしさを表彰する賞は多くありますが，戦略プランナーの貢献にたいしてプランナーに贈られる賞は，世界でこの賞だけです。

Q4：ジェイ・シャイアット氏についてどんな印象をお持ちですか。
ローゼン：彼は広告業界を象徴する人間の1人です。彼の有名な言葉「よい（Good）は，それだけでは十分でない」は，現在より顕著な意味を持っていると感じています。すべての異なったチャネルで（DVR，アドブロック他）消費者がマーケティングや広告のメッセージを避けようとしているなかで，消費者の注意を得ることに関してどれだけの競争があるかを考えると，私達の広告

メッセージが例外的にすごいものでないと，完全に無視されてしまいます。

Q5：アメリカ以外のアジアなどの戦略プランニングについてどうお考えです
　　か。

ローゼン：戦略プランニングの原理は世界中多くの市場で強力です。アメリカ，
ヨーロッパ，ラテンアメリカは，歴史的に戦略プランニングは強い市場です。
また発展途上の市場でも成長しています。私はブランドがいかにグローバルな
影響を持ち，かつ地域で目立つ存在になろうとしているなかで，戦略プランニ
ングの役割は，その架け橋になることだと思っています。私はアジアの戦略プ
ランニングには詳しくありませんが，インドは戦略プランニングが強い市場と
して知られています。この２年で，インドは２つのジェイ・シャイアット賞を
受賞しています。私達は，ジェイ・シャイアット賞のアジア全体での拡大を望
んでいます。アジア全体からの多くの応募を期待しています。

4　戦略プランニングについてのまとめ

　ストラテジー・フェスティバル以外の，本章の要点をまとめると以下のよう
になる。

１）　戦略プランニングが原理としてうまく働くためには，①正しい人材，②
　　正しい組織，③正しいプロセス，④正しい企業文化（プランニングを理解
　　し尊重）の，４つの要素が必要である。

２）　戦略プランニングは，非常に能力のある自信に満ちたクリエイティブス
　　タッフがいて，初めてうまく機能する。

３）　戦略プランニングの原理は現在，３つの挑戦を受けている。①クライア
　　ントが，戦略プランニングについてお金を払わない。②クリエイティブが，
　　戦略プランニングに価値を見出さない。③広告会社の営業が，戦略プラン
　　ナーの価値を見出さない，がそれである。プランナーはこれに打ち勝つ必
　　要がある。

4）　急激に変化するデジタルメディア環境下では，アジャイル（機敏）なプ
　　ランニングと，リアルタイムの実施策が要求されている。

5）　将来に向けての戦略プランナーの役割の1つは，理論とビジネスの解釈
　　に裏付けされた戦略によって，広告会社とクライアントがリスクを取る手
　　助けをすることである。

6）　欧米以外の世界の市場で，ブランドが①グローバルな影響を持ち，②地
　　域でめだつ存在になろうとしているなかで，戦略プランニングの役割はそ
　　の2つの架け橋になることである。

第**7**章　欧米のクリエイティビティ研究（ヨーロッパ・アメリカ広告学会）

1　はじめに

　第6章ではアメリカ広告業協会が毎年開催する戦略プランニングのコンファレンス，ストラテジー・フェスティバルを軸にアカウントプランニングの展望について考えた。本章ではクリエイティビティ研究の展望についてヨーロッパ広告学会と同学会が毎年開催する広告研究国際会議（International Conference on Research in Advertising：ICORIA）を軸に考える。

　具体的には，ヨーロッパ広告学会とはどのような学会なのか。アメリカや，日本の広告学会との違いは何か。現在広告の世界で起きている大きな変化にどのように対応しているのか。アカウントプランニングや，クリエイティビティの視点から興味深い点は何か。日本の広告業界や，広告学会に参考になる点は何か。これらをリサーチクエスションとして，次のように論を進める。

　第1に，ヨーロッパ広告学会の歴史，考え方，特徴。第2に，欧米の広告学会の課題を，ヨーロッパ広告学会会長およびアメリカ広告学会前会長（当時）に聞いたインタビュー。第3に，2017年筆者が参加した，ヨーロッパ広告学会の第16回広告研究国際会議の主要議題。第4に，イギリス広告協会の論文集「広告への大きな問いと，広告の思索家達による解答」の分析。第5に，まとめと日本の広告研究活性化のための考察，がそれである。

②　ヨーロッパ広告学会とICORIAの歴史・考え方

　ヨーロッパ広告学会の歴史は，2002年にデンマークのコペンハーゲンで，フレミング・ハンセン教授の主催により開催された，第1回広告研究国際会議（International Conference on Research in Advertising：ICORIA）が起源だ。わずか16年の歴史である。創設60周年を越えたアメリカ広告学会や，50周年をへた日本広告学会に比較して新しいが，その活動内容は広く深く，日本の学会の参考になる点も多い。2002年第1回会議の開催主旨には，広告がいかに効くかということと，広告そのものへの理解が劇的な変化のなかにあるという現状認識が示されている。会議の目的は，広告研究者と広告実務家の間に，①広告はいかに効くか，②広告はどうモデル化できるか，③どうすれば広告についての意思決定が改善できるか，について共通理解を確立することであった。会議の発表者の名前のなかには『ブランド・コミュニケーションの理論と実際』の共著者であるラリー・パーシー教授の名前もある。

　その後，2005年にヨーロッパ広告学会（The European Advertising Academy：EAA）が正式に設立された。ヨーロッパ広告学会の目的は，①広告とその応用分野（実務）において，質の高い研究の普及と，研究を活性化させること，②広告研究者と広告実務家の専門的な関係や結びつきを提供することである。

　2006年第5回会議はイギリスのバースで開催され，この年からInternational Journal of Advertising誌の協力により，論文賞が授与される。2007年第6回ポルトガルのリスボンの会議から，ヨーロッパ広告学会の総会も同時開催される。2010年からは学会による書籍の出版が始まり，現在までに7冊が出版されている。

　2017年第16回ICORIAは，ベルギーのゲント大学で開催された。ゲントは神聖ローマ帝国のカール5世生誕の地で，15世紀には毛織物工業で栄え当時のヨーロッパではパリに次ぐ第2の都市であった。北海へと続くレイエ川に面し，

中世の繁栄を今に留める世界遺産の鐘楼やファン・アイク兄弟の「神の子羊」の祭壇画をいただく大聖堂などがある。ゲント大学は世界遺産の広場から数分の恵まれた環境にあった。

3　欧米の広告学会の課題： ヨーロッパ広告学会会長およびアメリカ広告学会前会長へのインタビュー

⑴　ヨーロッパ広告学会会長（当時）インタビュー

　ヨーロッパ広告学会会長（当時）でアントワープ大学教授のパトリック・デ・ペルスマッカー氏に，第16回ICORIAの期間中にお話を伺うことができた。以下はペルスマッカー教授の話である。

　ヨーロッパ広告学会（EAA）の会員は，約150名。日本の広告学会の3分の1の規模である。会員の種類は，EAAの単独会員と，アメリカ広告学会（AAA）とのジョイントメンバーが70〜80名含まれる。アメリカ広告学会との交流は盛んであり，2017年のICORIAの基調講演はアメリカ広告学会会長が務めた。日本の広告学会と違い，ほとんどのメンバーがアカデミックな研究者である。会員の8割はEUの国々，ベルギー，オランダ，ドイツ，イギリス，スペイン，ポルトガルなど。その他の2割が，アメリカ，オーストラリア，ニュージーランド，香港などである。

　現在ヨーロッパの広告業が直面している課題は，広告業界が困難な変化のなかにあることである。マスメディアの力は弱っている。グーグルが最大の広告取扱いを持ち，フェイスブックがこれに続く。伝統的な広告会社は，苦しい状況にある。テレビのためにCMを作っていればよい時代は終わった。

　ヨーロッパ広告学会の活動の中心は，ICORIAである。ここでは，最新の広告研究で何が起きているのかをはっきりと知ることができる。会議は経験のあ

る研究者と，博士課程に在学中の若い研究者の交流の場ともなっている。すべてのことが参加者全員に開かれており，自由な学問の環境が提供されている。ICORIAとアメリカ広告学会のコンファレンスとの共通点は，研究の哲学，目的，焦点はどちらも広告とマーケティングコミュニケーションである。ICORIAの出席者は9割がヨーロッパで，1割がヨーロッパ以外から来ている。アメリカ広告学会のコンファレンスは，この割合が逆になっている。ICORIAは130名程度の出席者の比較的小規模な会議だが，アメリカ広告学会のコンファレンスは大規模な会議である。EAAとアメリカ広告学会は密に協力しあっていて，基調講演をお互いの会長がしたり，博士課程学生向けの研修会の講師をお互いの会員が務めたりしている。

　2017年のICORIAの特徴は，テーマの「消費者への力：コンテンツはいかにメッセージになるか」に限定せず，広告に関するいかなるテーマも受け入れていることである。また新しい分野も積極的に取り入れている。若い研究者に新しいキャリアーを作り上げるチャンスも提供している。2017年アムステルダム大学の博士課程を終えた女性が，アメリカの大学に職を得ている。ICORIAのよい点は，小規模ですべてに手が届くこと。139の査読付き論文に，最新の研究が集まっていること。トップレベルの人々に簡単に会うことができることである。快くインタビューをうけていただいたペルスマッカー会長と，次節のハウ教授にこの場を借りて心から感謝を申し上げる。

⑵　アメリカ広告学会前会長（当時）インタビュー

　アメリカ広告学会の前会長（インタビュー当時，2017年7月）のミネソタ大学の，ジョシー・ハウ教授（**写真7-1**）にもお話を伺うことができた。アメリカ広告学会の設立は1958年で，2017年に60周年を迎えた。日本の広告学会より，11年ほど前のことになる。以下はハウ教授の話である。

　2017年3月現在の会員数は425名であり，アメリカ国内からが335名，アメリカ以外からが90名となっている。アメリカ以外の国では，日本が13人，カナダ

が11名，オーストラリアが11名，香港6名などである。メンバーにはヨーロッパ広告学会との共同メンバーが100人程度いる。AAAとEAAは，ジョイントメンバーシップ制度を設けている。

　現在広告業界は多くの新しいトレンドや挑戦にさらされている。その第1は，データの問題，すなわちデータベースマーケティングとの競争である。プログラマチック広告（ウェブ上での自動購入広告）にみられるように，メディア購入，広告出稿，クリエイティブがデータマイニングを基礎に行われるようになった。しかし，データを意味ある形で分析し，これを戦略立案や広告効果測定にいかに活用していくかが，現在起きている問題である。第2は，パーソナリゼーション（個人向け情報伝達）の問題である。これは1人1人の個人の情報に対して，適切な広告をいかに送るのかという問題である。その人にふさわしいターゲティングをどうするのか。その人にふさわしい情報をどうするのか。その人にふさわしいタイミングにどう情報を送るのかが問題になる。行動ターゲティングとしてアマゾンなどがすでに実施していることである。また現在では，モバイルテクノロジーと組み合わせ，その人の位置情報をとらえてその場所にふさわしい店やレストランや商品の紹介なども行える。モバイルとパーソナリゼーションの組み合わせが第2のトレンドである。第3は，IOT（Internet of Things）すなわちすべてのものがインターネットとつながる世界のことである。この技術は非常に発達していて，ソーシャルメディアの位置情報と組み合わされ，個人に関する多くの情報が取得可能になっている。それがターゲティングや，戦略立案に応用され，メッセージとして送られる。AI技術とそれらは組み合わされ，いかにデータマイニングするか，マシンラーニングをどう高めていくか，人がしている仕事をいかにAIに変えていくかが，スピードを持って実現しつつある。

　アメリカ広告学会の課題としては，いかに広告研究をさらに活性化していくかということがある。特に若い研究者の育成に努力している。現在，アメリカの広告業界との協業はあまり盛んでない。アメリカは，4A（アメリカ広告業協会）など広告団体は大きな組織であり，お互いがそれぞれ別々に行動するこ

写真7-1 ハウ博士

出所：筆者撮影

とが多い。調査研究をいかに実務に生かしていくかは，1つの課題である。後は広告の教育を，広告の変化に応じて，学生たちの身に付くようにしっかりやっていくこと。また，日本やヨーロッパの学会との協力もより進めたい。AAAとEAAを比較すると，アメリカは歴史も古く，大規模であり，会議も学会運営の大きな会議をしている。また学会が直接3つの学術誌を運営，出版している。①Journal of Advertising, ②Journal of Current Issues and Research in Advertising, ③Journal of Interactive Advertising, の3誌がそれだ。

　一方，EAAはやや小規模で，ICORIAは主催国の地方の1大学がホストをして，ローカルフレイバーたっぷりの人間味のある会議と言える。EAAは提携関係はあるが，直接学会誌を運営していない。しかし，研究の内容は，それぞれ世界最高のレベルのものが集まっており遜色はない。

④ ICORIA2017の主要議題とクリエイティビティ研究

(1) 基調講演

　会議の冒頭，キーノートスピーチがアメリカ広告学会会長イリノイ大学教授

のミッシェル・ネルソン博士によって行われた。テーマは「コンテンツの新しい形：研究と責任」であった。

　ネルソンは講演を質問から始めた。あなたが一番直近でみたテレビの生番組のワイドショーは何ですか。そこで放送されていたCMを覚えていますか。この質問にはほとんどの出席者が覚えている広告を答えられない。次の質問は，あなたが一番直近でみたウェブやモバイルのコンテンツは何ですか。そのどこかにブランド名がありましたか。出席者は，アマゾンや，グーグルや，ヤフーや，インスタグラムなどのポータルサイトや自分の使うメールなどで見たブランド名を覚えていた。ネルソンは次に優れたコンテンツの例として，強い女性が主人公の映画「ワンダーウーマン」をあげた。優れたコンテンツは人々の記憶に残っている。また2017年6月のNative Insider（web情報サイト）の記事を紹介した。それは，3人に2人の消費者は伝統的な広告よりもブランデドコンテンツのほうを信用するという調査結果であった。現在人々は，テレビ，PC，スマートフォン，タブレット端末など多様なスクリーンを多くの場合2つ以上同時に見るマルチスクリーンの状態にあり，これが現在のメディア環境の特徴であるとした。

　ギャロップ社の調査によると，アメリカ人のマスメディアへの信頼度は，2001年の53％から2016年の32％に20％以上下落している（図表7-1）。またEBU（ヨーロッパ放送連合）の2017年のレポートによると，ヨーロッパにおけるメディアの信用もゆらいでいる（図表7-2）。テレビを信用する人が50％に対して信用しない人が46％，新聞・雑誌を信用する人が46％に対して信用しない人が48％，インターネットを信用する人が36％に対して信用しない人が46％。ソーシャルメディアを信用する人が21％に対して信用しない人が59％に上る。アメリカやヨーロッパで起きていることは，メディアそのものへの信頼感が大きく損なわれているという衝撃的な事実である。マスメディアや既存の権威の地位の低下である。フェイクニュースは流行語ではなく，人々の実感となっているのである。

図表7-1　アメリカにおけるマスメディアの信頼度

	2001年	2016年
アメリカにおけるマスメディアへの信頼度（Gallop社2017年調査）	53%	32%

出所：Gallop（2017）

図表7-2　ヨーロッパにおけるメディアの信頼度（2016年時点）

	信頼する	信頼しない
テレビ	50%	46%
新聞	46%	48%
インターネット	36%	46%
ソーシャルメディア	21%	59%

出所：EBU，ヨーロッパ放送連合，Media Trust in EU 2017

　そのような状況のなか，世界でNetflixは1億2,800万人が，Amazon Prime Videoは8,500万人が，YouTubeは15億人が視聴しているといわれている。人々はさまざまなスクリーンで，情報の正しさを吟味しながら，放送，動画，映画などを視聴している。e.Marketerによると，アドブロッキングというインターネット上で広告を見ないようにするアプリの使用者は，ドイツで18.9％，フランスで12.8％，イギリスでは11.4％にのぼる。現在の広告とメディアに関する状況をネルソンは次のようにまとめた。私達はあまり信用することなく，より多くのメディアを使い，そしてほとんど広告を見ていないと。

　次にネルソンは根本的な問いをした。今いったい広告とは何だろうと。そして2017年のカンヌインターナショナルクリエイティビティフェスティバルの，チタニウム・PR等4部門でグランプリを受賞した「恐れを知らない少女」を紹介した。次にカンヌのクリエイティブエフェクティブネス部門のグランプリでゴッホの寝室の絵を再現して泊まれるようにした「シカゴ美術館とAirbnb」のキャンペーンを紹介した。現在はつまらない情報はすぐにゴミ箱に捨てられてしまう時代である。ネルソンは2017年カンヌのフィルム部門の審査委員長を務めたペラ・ファバットの言葉を紹介した。彼によると審査のなかで，勇気の

あること（bold）と，挑発的なこと（provocative）についての多くの議論があったという。そしていかに人々を動かすかについて。

ネルソンの質問は続く。広告のよい定義は何か。われわれはこれからの広告をいかに研究すればよいか。研究者，広告主，市民，視聴者，消費者であるわれわれは，次のような質問をする必要があると主張する。どこに透明性があるか。誰が情報源か。情報源は明確か。メッセージの意図は何か。消費者は何を知り，どんな行動をするのか。どこに信用があるのか。いかに広告主は信用を獲得するのか。そして，学会と研究者への問いかけとして，どこに広告研究の機会があるのか。広告研究の責任とは何か。ネルソンは，根本的な質問を出席者全員になげかけた。

最後に，今後の広告研究が押さえておくべき視点として，まずグローバルで普及しているGoogle, Facebook, Twitter, Instagram等の影響。またバーチャルリアリティやAR（拡張現実）などのコンテンツの新しい形と人々のかかわり。また新しい理論や課題として，リーダーレスポンス理論，物語トランスポーテーション理論，ストーリーテリング，ビジュアルによるアートやデザイン，劇場（シアター），オンラインショッピング等でのユーザージェネレイテドコンテンツの効果，ウェブ広告に対するFTC（連邦取引委員会）の規制，広告リテラシーの知識・責任・教育，他分野からの刺激を積極的に探す態度などをあげた。

(2)　広告クリエイティブのコントロール

次に紹介するのは『Creative Perfection』の共著者であるワイカト大学のキルガー教授と，2008年の「The Journal of Advertising」のクリエイティビティ特集の編集者である故SassarとKoslowらの共同研究である。タイトルは「広告クリエイティブの品質コントロール確立を目指して」である。この研究は，優れたクリエイティビティの広告アイディアを促進したり阻害したりする組織的要因に関する意欲的な研究である。

この研究の目的は，クライアントの課題解決の大きな力となるクリエイティ

ブアイディアに焦点をあて，優れたアイディアの広告物を創り出すために必要な組織の統治や，開発プロセスを明らかにしようとするものである。次の3つの観点からこの問題にアプローチする。①クライアントと広告会社の統治プロセスとはいかなるものか，②統治プロセスのクリエイティブアイディアへの影響，③よりよいクリエイティブアイディアを創出するためにこの統治プロセスをいかに改善すべきか，である。

　まずクライアントが広告会社に抱く不満についての分析から始まる。与えられた課題を解決しない。自分達の利益だけを考えている。高いコストを支払っているのに結果を出さない等がそれである。しかし広告会社がリスクをおそれて無難でつまらないものしか作らないというのは間違っていると指摘する。広告会社はリスクを取っておもしろいものを創り出そうとしているのに，クライアントがリスクを取らないことが原因である。クライアントは，クリエイティブ開発を始める人であり，それにお金を出す人であり，最終的な意思決定者であるから，広告開発プロセスには一番大きな影響を与える。

　一般に受け入れられているクリエイティブアイディアの特徴は，目新しく，斬新で，今までにあったものとは異なっており，与えられた状況にたいして際立っており，戦略に合致していて，ターゲットオーディエンスにとり適切なものである。これらのクリエイティビティの特徴のなかで，キルガーらは①オリジナルである（originarity）と，②適切性（appropiateness）に注目する。この2つの要素は，二律背反の関係であると主張する。適切性の過度の強調によるクリエイティビティの阻害は，以下のように起こると主張する。クライアントのブランドマネージャーがリスクを取りたがらない。既存のブランドメッセージを過度に維持しようとして，広告の斬新なアイディアを制限する。逆のケースでは，クライアントがリスクの許容を明確に意思表示することにより，斬新なオリジナリティに富んだアイディアが開発されていく。キルガーらは，オリジナリティと適切性の関係を表にすることで，明確に説明している（**図表7-3**）。

図表7-3　適切性とオリジナリティの関係

	適切性が高い	適切性が低い
オリジナリティが高い	際立って優れたアイディア	リスクの高いアイディア
オリジナリティが低い	無難なアイディア	平凡なアイディア

出所：キルガー他（2013）を参考に筆者作成

　キルガーらは，クリエイティブプロセスを理解するためには，組織内の力関係を考慮する必要があるとしている。すなわちプロセスをコントロールするために開発されたメカニズムである，アカウントプランニングや，戦略プランニングに使用するクリエイティブブリーフなどのさまざまなフォーマットとその運用方法である。そのなかで重要な点は，リスクの許容度と，さまざまな参加者の動機であるとしている。クライアントと広告会社の関係が広告クリエイティブプロセスにインパクトを与える組織的な要因として，以下の5点をあげている。第1点は，正式な評価の指標である市場調査とコピーテスト（クリエイティブ調査）である。コピーテストはいかに活用されるかで，オリジナリティと適切性に異なった影響を与えると指摘している。第2点は，クライアントの洗練度。これはクライアントがどの程度広告会社のクリエイティブ開発プロセスを理解しているかということである。これにより，より自分達が求める優れたクリエイティブアイディアを得られるようにプロセスをコントロールでき，よく知っているのでよけいなコストもかからない。第3点は，クライアントの市場拡大の目的。現在の市場の競争状況により，ブランドの目的を明確にする必要がある。第4点は，クライアントのサイズ。大クライアントは適切性を重視し，オリジナリティには厳しい傾向がある。また大クライアントは，広告会社がリスクを取ろうとするのを許容する割合が低い。第5点は，クライアントと広告会社の関係。会社と会社の関係を，低い順から，1）納入業者，2）パートナー，3）マネージャーの代行者に分けている。また個人と個人の関係を，低い順から，①ビジネスのみの関係，②ビジネス上の友人，③個人の親しい関係に分けている。一番クリエイティビティが低くなるのは，1）納入

業者で，①ビジネスのみの関係。クリエイティビティが高くなるのは，３）マ
ネージャーの代行者で，①ビジネスのみの関係の時に高くなると指摘している。

　結論として，クリエイティブプロセスの複雑さへの理解が大切なこと。クリ
エイティブアイディアを考えるうえでの，オリジナリティと適切性の二律背反
の関係を理解すること。クリエイティブ開発プロセスは，扱いにくいサイクル
であり，リスクを取れる大胆なクライアントだけが克服できるシステムである
ことに留意が必要であると主張した。

(3)　デモグラフィックスを超えて

　次は，IMC統合マーケティングコミュニケーションの主唱者シュルツ教授ら
による発表である。この研究は，消費者の衝動的行動スコアなどのエモーショ
ナルな要因を，現在マーケターや広告会社が行っているメディアプランやメ
ディア購入に活用しようとするものである。従来メディアプランやメディア購
入は，年齢，性別，収入，学歴などのデモグラフィックスデータを基に実施さ
れてきた。ウェブやソーシャルメディアが普及した現在でも，デモグラフィッ
クスを基本としている点は，大きく変わってはいない。デモグラフィックスに
消費者の心理的プロセスを含める試みは現在までほとんどなされていない。こ
の研究はメディアユーザーが瞬間的な判断をする傾向，すなわち消費者の意思
決定がしばしば「早く考えること」を基礎としている点（Kahneman, 2011）
に注目し，衝動買いとメディアプランを結び付けることを目的としている。こ
の新しいメディアプランが成功するには以下の３つの基準があると考えられる。
①新しい方法の有効性の立証，②測定方法が新しい洞察や，新しい要素の計測
をもたらす，③多様なメディアの大規模な視聴者を測定可能の３点である。こ
のために２種類の心理テストを活用した。１つが，外部の刺激などのために，
一時的に抑制が除去されるのを測定する脱抑制スコア（Disinhibition Scores），
ほかの１つが衝動性測定テストであるバラットテスト（Barratt Test）である。
メディアが運ぶメッセージによる，消費者の購入決定への影響，特にその衝動
買いへの影響をテストした。考え方の基本にあるのは，人間の意思決定には２

種類あり，第1が早く考える意思決定コンセプト，第2がゆっくり考える意思決定コンセプトである。これはノーベル経済学賞を受賞したカーネマンのシステム1とシステム2の考え方である。

　仮説としては，マーケターが市場で使っているマスメディアからウェブ・ソーシャルメディアにわたるさまざまなメディアフォームは，それぞれ消費者に異なった衝動買いの影響を与えているという事である。2016年12月に16,644人の18才以上の対象者に前記2つの心理テストの項目を使ってウェブ調査を実施した。結果はメディアにより相関を認めるというものであったという。

(4)　さまざまな多様性を持った研究

　ヨーロッパ広告学会の研究発表の特徴に，多様性をもった研究の多さがあげられる。タイトルだけを見ても，「血の物語：トランシルバニアにおけるエンゲージメントの物語」「異性愛とホモセクシュアルの消費者への推奨広告における性的なユーモアの効果」「民族的に対立するモデルを使った広告：多民族文化における広告の未来のために」「広告に使われている入れ墨やボディーペイントを使用したモデルに女性消費者はどんな反応をするか」など刺激的なものが並ぶ。日本の教育界や学会では，性的な問題の議論などは暗黙の了解のうちに避けられている話題である。ヨーロッパでは，移民の流入や，民族間の争い，宗教の対立などが歴史的にも地理的にも避けて通れない大きな問題である。また現在の，排外主義や国家主義的な動きのなかにも，反移民や対立する宗教への反発が根底にある。移民の受け入れを現実問題としては実感しにくい日本社会との大きな違いを感じた。意見の違いを乗り越えて，自由でオープンな議論を受け入れるという西欧民主主義の理想を見た気がする。例として，ブカレスト大学のクライン教授による「血の物語」について簡単に紹介する。ドラキュラ伯爵を生んだルーマニアでは，献血に対する拒否反応が強く，ヨーロッパのなかでも献血率は極端に低かった。これに危機感をもった国立献血センターが行ったキャンペーンが「血液で支払う」（Pay with Blood）である。ルーマニア国内の若者に人気のある音楽祭のチケットを献血者には無料でプレ

ゼントするというユニークなものだ。あえてドラキュラのイメージを使い，テレビ番組でのPRと，フェイスブック上のアプリを使った拡散で大きな話題となり，若い献血者の増大に寄与した。東欧では，イギリスやフランスに比べて，テレビなどのマスメディアとソーシャルメディアを組み合わせたコンテンツがより効果が高いという。このキャンペーンは2016年のカンヌのブロンズも受賞している。自国の歴史的な負の伝統を逆手に取り，社会的な問題を解決するというアイディアが素晴らしい。これは一例にすぎないが，ジェンダー，民族，セクシュアリティ，宗教，などの違いと広告の関係を正面から取り上げ議論しようという，日本よりも幅広い視点や，物事のとらえ方などが印象的であった。

5 イギリス広告協会「広告への大きな問い」

　イギリス広告協会は，広告主，広告会社，主要メディアを束ねるイギリスを代表する広告関係の組織である。この組織は近年，イギリス政府の広告産業への後押しもあり，広告の存在意義や，社会における意味を積極的に発信している。その一環として制作されたものが論文集「広告への大きな問い：広告の偉大な思索家達による解答」である。ここでは広告の本質，広告の役割，広告の効果に関する根本的な質問と，それに対する思索家達の解答が模索されていた。この冊子はICORIA2017の出席者に配布された。1980年代の初めに，イギリス広告業協会が同様の試みをしている（バルモア（Bullmore, 1983）の "Advertising, What is it?" やキング（King, 1980）の "Advertising as a Barrior to Market Entry" などがそれにあたる）。デジタル化が進展した現在，広告とは何か（広告の本質），「広告の役割とは何か」（広告の役割），「広告はいかなる効果があるのか」（広告の効果）を問うたのがこの論文集である。ここから，2つの論文を紹介する。

(1) 広告とは何か（ジェレミー・バルモア）

　バルモア（Bullmore, 2017）はイギリスを代表するコピーライター出身の広

告に関する思索家である。J.ウォルター・トンプソンのロンドン支社に30年以上在籍し，クリエイティブのトップ，JWTロンドンの会長，イギリス広告業協会の会長，WPPのマーティン・ソレルの片腕などを務めた。"Behind the Scene in Advertising"（Bullmore, 1991）他の著作も多い。この著作の最初の章が，「広告とは何か」である。マス広告全盛時代と，デジタル化の進んだ現在，バルモアは広告をどうとらえているのだろうか。

　91年の著作で，バルモアは広告へのさまざまな批判をまず紹介する。広告は悪魔だ。広告は人間の不適切性につけこむ。広告は無駄だ。広告は小さな企業や新規参入の企業が市場に参入するのを妨げている等。また広告への評価として，広告は経済を動かす主動力である。広告は変化を起こす力になるをあげている。

　彼は広告（Advertising）と広告物（Advertisment）を次のような定義で，はっきりと区別している。「広告とは，１人以上の人々に，情報を伝えたり，影響を与えようとする，お金を支払って行う，コミュニケーションである」この定義のなかに５つの重要な要素が含まれている。それは，①お金を払って（有料メディア），②コミュニケーション（送り手と受け手をつなぐ），③意図をもって（目的を達成できない場合もある），④伝達したり影響を与えようとする（伝えるだけでなく説得を含む），⑤１人かそれ以上の人（人々にむけてのもの）である。また広告にできることとして，新商品を紹介できる。古い商品を確認してもらえる。ブランド使用者，消費者，従業員を力づけることができる。そしてそれらをひっくり返すこともできる点をあげている。

　一方広告物（Advertisment）とは，広告が運ぶメッセージであり，広告が目的とすることを人々に達成しようとするものであるとしている。広告はコミュニケーション，広告物はメッセージという，区別をはっきりとしているのである。これらは，マス広告全盛の，広告が効いた70〜90年代初期の，広告と広告物の定義であった。

　デジタル化が進んだ現在，バルモアは広告とは何かを，どう考えているのだろうか。メディアの激変，モバイル化の進展で答えは単純でなく，答えること

自体が困難になってきている。広告と広告物の違いをはっきりさせて40年たっ
たが，今でもこの問題は解決していないとバルモアは主張する。広告について
書かれた多くの著作のなかで，広告（キャンペーン）と広告物が同一のものと
して扱われている事実がある。メディアとメッセージの合成と混乱は，広告行
動の自由を奪うことはないと彼は言う。しかし，ソーシャルメディアの特徴と
して，人々を残忍にする点に注意を促している。ある種の人々は，ソーシャル
メディアの残忍な影響をもつ使い方をしている。ネットでの炎上や，匿名によ
る人々のひどい言質，テロリストや政治的プロパガンダによる利用，金銭的な
強盗や不正などがそれにあたる。

　バルモアは広告の起源を振り返り，自給自足の時代には人々はお互いが顔の
見えるコミュニティで，物々交換で生活をしていた。それが産業革命をへて大
量生産，大量輸送の時代となり，生産者と消費者の直接のつながりは失われ，
新しい製品やサービスの紹介と説得は，大きな発行部数の新聞や雑誌にとって
代わられた。広告は自然に現れ，必然的にニーズに合致し，発展がもたらされ
た。広告は，メディアの発展に資金を提供し，メディアのコストを下げ続けて
きた。それはメディアの経営に貢献し，より良い編集内容を助け，健全な
ジャーナリズムの発展に寄与してきた。質の良い手ごろなジャーナリズムと，
映画・演劇・音楽等のエンターテインメントの成長と発展は広告の存在なしに
は考えられない。

　現在の広告をこう定義する。「広告とは，かつてお金を払ってなされていた
さまざまなコミュニケーションで，特に人々に伝達しようとしたり，影響を与
えようとしたりするものである」無料のソーシャルメディアによる人々の推奨
や，話題になり評判となることで，さまざまな情報の価値が決まる現在，有料
という言葉をバルモアは取り去ったのである。しかし，忘れてならないのは広
告の全体性であるという。すなわち，計画されていない，意図されていない，
コーディネイトされていない，事実上測定不可能な総合的な効果が広告には必
ず存在すると主張する。すなわち，現在の広告にはすべてのコミュニケーショ
ンが存在する。ウェブ，口コミ，プロモーション，PR，マス広告。有料，無

料を問わず，新しい製品やサービスがある限り，既存の製品に競争がある限り，決してなくならないものなのである。

⑵　広告はいかに効くか（ポール・フェルドリック）

　第2の広告への大きな問いは，広告はいかに効くかである。答えるのはDDBの戦略プランニング手法を開発し，ロンドン1のプランニング・ディレクターといわれたフェルドリックである。フェルドリックは，広告がいかに効いているかという質問に答えることの困難をまず指摘する。また広告を情報と説得に区別するむずかしさにも言及する。そのうえで，マルティーヌ（Martineau, 1957）の広告の定義を紹介する。「近代広告はただのポジショニングの主張や，必要最低限の事実の声明ではない。（中略）広告は言葉を含む，人間のさまざまなコミュニケーションモードの融合である」がそれだ。

　そして広告の歴史を振り返る。最も古い広告は紀元前7世紀にエフェソス（トルコ西部の古代ギリシア都市）の波止場にあった彫刻で，船乗り達に少しいかがわしい船宿を示す案内広告であったという。時代は下り17世紀には，自分達の開発した新商品の販売を促進するためのもの，すなわち販売技術の1つとなった。20世紀の始めに，コピーライターのケネディは「広告は印刷された販売技術である」と定義した。その後，『かくれた説得者』（パッカード，1957）では，広告が私達の潜在意識に影響しているという考え方が主張される。広告が意識的に気づかれず作用した時により有効であると主張した。1960年代にはパネルデータが整備され，大量のデータが利用可能となり，シェアオブヴォイス（SOV）とシェアオブマーケット（SOM）の相関関係が注目される。この頃の考え方は，繰り返し行われるブランド広告の累計的な効果が，競合他社に対するブランドの強さを実現すると主張された。マス広告の力が健在で，人々が広告をより見ていた時代，この考え方は正しかった。その後，すべての広告がしていることは，ブランドへの精神的有効性（ブランド資産に近い考え方）を増すことであるという考え方が登場する。これにより，圧倒的なトップオブマインドの知名度を増すことが強調された。この考えでは，クリエイティ

ブエクセキューション（実制作）に必要なことは，明確なブランド資産を創造することであるとされた。キャラクター，イメージ，ロゴデザイン，ジングル，スローガンなどである。これらは唯一無二の方法で，ブランドと結び付けられ，ブランドをトップオブマインドに押し上げた。現在では，広告は潜在意識に働き，感情的な結合をもたらすという考えが主張されている。広告による潜在学習と，感情を基礎とした意思決定の重要性の主張である。これは前述のシュルツらの研究と同じ考え方だ。

デジタル化の進展した現在では，アイディアやイメージを育てるものとしての広告という考え方に加えて，消費者とブランドの関係に影響を与える方法としての広告という側面にも焦点があてられている。ソーシャルメディアの影響では，広告と個人の１対１の関係ではなく，共有の経験から多くのことが得られるようになったと指摘している。インスタグラムやフェイスブックなど，多くの人がそれを見ていて，人気のあるメディアとなり文化の一部になった。またポップカルチャーとしての広告という側面も忘れてはいけないという。広告とエンターテインメントは歴史的にも切り離せず，クリエイティブのコンテンツには，ダンス，コメディ，音楽，有名人，スポーツ，ドラマ，セックスアピール，ショー，ファッションが今も影響を与え続けている。結論として，広告は情報と人を結び付け誘惑するために設計された，感覚に訴える見せものである，としている。広告に関して，彼の指摘した，案内標識，販売技術，潜在意識への影響，SOVとSOM，精神的有効性，関係に影響を与える方法，ソーシャルな共有，ポップカルチャー，これらはお互いに排他的なものではなく重複するものであるとしている。フェルドリックは，広告の効き方にはさまざまな異なった方法とその組み合わせがあるということを再認識させている。

⑥　広告研究活性化のために

ヨーロッパ広告学会は，歴史も会員数も日本やアメリカの３分の１くらいである。しかし活動は活発でICORIA2017の研究発表数139は，2017年の日本広

図表7-4　世界の広告関係論文数

学会	学会誌	2015年	2016年	2017年	合計
ヨーロッパ広告学会	The International Journal of Advertsisng	37	46	44	127
アメリカ広告学会	The Journal of Advertsisng	37	41	31	109
日本広告学会	広告科学	3	7	2	12
日本広報学会	広報研究	14	13	12	39

注：ヨーロッパ広告学会以外は学術誌は学会が直接運営。論文，研究ノート，助成研究報告
　の合計。アメリカ広告学会はほかに学術誌を2誌持ち，実際の論文数合計は2〜3倍。

告学会の全国大会研究発表数20の約7倍である。また2015〜17年の3年間，EAAと関係の深い学術誌「The International Journal of Advertsisng」の論文数は，広告科学の約10倍である。これはAAAの「Journal of Advertsisng」との比較でも論文数は約9倍である（**図表7-4**）。量的な差だけでなく，質的にも広告とは何か，広告はいかに効くかといった本質的な質問に基づくものから，ジェンダーや，性や，民族と広告など多様な視点に富んでいる。近隣分野の日本の広報学会についても参考のため掲載した。

　ICORIAで興味深かった点は，メディアへの信用の低下や，マルチスクリーン化や，広告環境の激変をポジティブにとらえ危機こそチャンスであるといったチャレンジ精神を感じたことである。そのなかで，人々が興味を持ち，共感するコンテンツとは何かが大会のテーマであった。ヨーロッパのふところの深さ，人々を受け入れる態度，学問の自由，言論の自由への信頼がそこにはあった。

　日本広告学会の良い点は，開かれた，アット・ホームな学会であることである。また地方ごとの学会活動も盛んである。欧米に比べて，実務家の比率も高い。広告業界に学会活動に熱心な方が多くいて，研究会や研究助成など広告業界との協同が多くみられるのが特徴である。広告業界と学会の人の行き来も比較的見られる。

　一方，日本の広告研究活性化に欠けているものは何だろう。近年，英国の教

育専門誌「タイムズ・ハイヤー・エデュケーショナル」の世界大学ランキング
で，日本の大学の順位が低下傾向にあることが問題となっている。また文部科
学省学術政策研究所の発表する，2017年の国内外の研究動向を分析した報告書
で，世界に影響を与える注目論文の国際シェアで日本は9位となり，2016年の
7位から順位を下げている。日本の広告学会は会員数は，ヨーロッパの3倍以
上，アメリカを超えている。しかし研究発表数や，論文数では大きく差をあけ
られている。

　人々が学会に入りたい理由はなんだろうか。広告の研究のためか。自分の知
識のためか。それとも自分の名誉や地位のためか。それは人によりそれぞれだ
ろう。学会を見ていると，自分から研究発表をしたり，論文を書いたりする，
広告研究を積極的に行っている人。研究会や全国大会には参加し，人の発表を
聴きたまには質問をして，自分の知識を増やそうとしている人。名前だけで，
研究会でも全国大会でも顔も見なければ，存在さえ知らない人がいる。日本の
広告学会は，他国の学会に比べて研究に熱心な人の比率が低い可能性がある。
一番多いのは，名前だけの人。活性化には，積極的な人を増やす以外にない。
そのためには，すそ野を広げたり，敷居を低くしたり，より多くの人が研究や，
発表や，論文執筆をする背中を押すことが大切である。人々に厳しく対応する
だけではなく，受け入れたり元気づけたりする仕組みや態度が必要である。

　具体的には
1．外国人会員の積極的な受け入れ（特に日本に近いアジアの人々）
2．英語による研究発表や論文の受け入れ
3．会員以外の参加の促進，情報の発信（広告業協会，広告主協会との共同イ
　　ベント等，また学生無料等のより開かれた学会）
などが考えられる。学問の厳格さを守りつつ，世界にも日本の社会にも開かれ
た，ためになり，参加しやすい，仕組み作りが必要である。広告研究のさらな
る活性化，海外への日本の広告知を広げる努力を願ってやまない。

第**8**章

クリエイティブブリーフ：
歴史的発展と変化

1　クリエイティブブリーフとは

　クリエイティブブリーフは，広告を中心とした企業や団体のコミュニケーション活動において，ブランドや企業の課題と，消費者の真実（コンシューマーインサイト）を結び付け，課題解決のためにクリエイティブチームが優れたアイディアを開発するのを鼓舞する役割を持つ，クリエイティブ戦略を要約した書類のことである。マーケティング戦略全体のなかのコミュニケーション戦略を，わかりやすくまとめたものがクリエイティブブリーフである。クリエイティブブリーフは，企業の秘密情報とされ公表しないのが原則である。そのため一部の例外を除いて，出版物などでほとんど世間の人の目に触れることはなかった。クリエイティブブリーフは，歴史的にどのような発展をとげてきたのであろうか？　クリエイティブブリーフの特徴とは何であろうか？　デジタル化の進展で，クリエイティブブリーフにはどのような変化があるのだろうか？　本章ではこれらの点を明らかにしたい。

　広告や企業のコミュニケーションは，その時代の社会やメディアの変化により，大きな影響を受けてきた。クリエイティブブリーフも，広告やコミュニケーション活動のなかで発展してきたので同じ変化のなかにある。クリエイティブブリーフの誕生は，1968年にキングとポリットによってアカウントプランニングが創始された時代である。本論では，1）クリエイティブブリーフ以前（1912～1967年），2）クリエイティブブリーフの誕生・発展期（1968～

1999年），3）クリエイティブブリーフの変革期（2000年〜現在）の3期に分けて論を進める。それぞれの時期を，①公表されているクリエイティブブリーフまたはクリエイティブ戦略の実例・特徴・分析と，②社会経済情勢および，広告と消費者の当時の様子の2つの観点から見ていきたい。なお，これらのクリエイティブブリーフは，アメリカおよび国際的な広告会社のものを使用した。結論では，クリエイティブブリーフの歴史と，本質と，現在の変化をまとめた。

2 　クリエイティブブリーフ以前（1912〜1967年）

(1)　初期のクリエイティブ戦略Tスクエア

　公表されていて現存する最も古いクリエイティブ戦略は，第4章でもふれた1912年にJ.ウォルター・トンプソンのニューヨーク本社の社長，スタンレー・リーソーが開発したトンプソンTスクエアである（**図表8-1**）。それは，われわれが販売するものは何であるか。われわれは誰に対して販売するのか。われわれはどこで販売するのか。われわれはいつ販売するのか。われわれはどのように販売するのか，の5つの質問から構成されている。構成要素としては，①製品サービスの特徴，②ターゲット（対象者），③流通チャネル，④販売の時期，⑤販売促進や広告の方法，の5点が含まれている。リーソーのTスクエアの重要な点は「ビジネスの真の課題をクライアントと同じレベルで理解しないといけない」点を強調したことである。これは現代のクリエイティブブリーフにも通じるクリエイティブ戦略の基本である。

　現在から100年ほど前のこの時代は，1908年にはT型フォードが発売され，1911年にはテイラーの「科学的管理法」が発表されて大量生産が確立し，技術革新により現在に繋がる自動車や多くの消費財が普及を始めた時期である。Tスクエア発表の2年後に始まる第1次世界大戦では，爆撃機や，機関銃や，毒ガスが新しい兵器として登場する。日本では1912年は明治天皇が崩御し，元号が明治から大正に変わる。広告の世界ではラジオはまだ実用化されておらず，

図表8-1　現存する最も古いクリエイティブ戦略（1912年）「トンプソンTスクエア」

質問項目	構成要素
1．われわれが販売するものは何であるか。	製品サービスの特徴
2．われわれは誰に対して販売するのか。	ターゲット（対象者）
3．われわれはどこで販売するのか。	流通チャネル
4．われわれはいつ販売するのか。	販売の時期
5．われわれはどのように販売するのか。	販売促進や広告の方法
広告会社は，扱う製品やサービスのビジネスの真の課題を，クライアントと同じレベルで理解しなくてはならない。	ビジネスの真の課題

出所：JWTウェブサイト（2015）を参考に筆者作成

新聞や雑誌やポスターやチラシが主な媒体であった。人々は広告により，それぞれの商品の特徴を理解し，自分の好きなブランドを選ぶようになっていく。

(2)　ダニエル・スターチのクリエイティブ戦略

　1927年アメリカ広告業協会の調査担当ディレクターであったダニエル・スターチ（Starch, 1927）が著作のなかで新しいクリエイティブ戦略を発表する（図表8-2）。ハーバード大学の心理学の教授であったスターチの新しい視点がこれには含まれていた。誰に対してその商品は販売されるのか。どのようなアピールによってその商品は販売されるのか。アピールはどのようにすれば最も効果的に表現されるか。どのメディアでアピールや広告は出稿されるべきか。その商品の広告にふさわしい広告費はいくらか，の5つの質問からスターチのクリエイティブ戦略は構成されている。構成要素としては，①ターゲット（対象者），②アピール，③最も効果的な表現（クリエイティブ），④メディア，⑤広告費の，5点からなっている。スターチのクリエイティブ戦略で新しい点は，「アピール」と「最も効果的な表現（クリエイティブ）」を要素として初めて入れた点である。アピールとは，心理学の用語で，「こちらの意図を相手に受け入れてもらうために，相手の注意を引くように刺激を出す様々な方法」（誠信心理学辞典）のことである。そのために重要になるのが，アピールを最も効果

的に表現する方法であるクリエイティブアイディアである。スターチは，心理
学を活用したこのクリエイティブ戦略により，アピール重視，クリエイティブ
重視の姿勢を鮮明に打ち出した。

　スターチがこのクリエイティブ戦略を発表した時代は，アメリカが第1次世
界大戦に勝利して繁栄を謳歌した黄金の20年代といわれた時代である。1927年
は，リンドバーグが大西洋無着陸横断を成功させた年である。日本では前年の
1926年，元号が大正から昭和に変わった。アメリカでは1920年に女性参政権が
認められている。この時代，アメリカでは人々は初めて可処分所得を手にした。
普通の人々が普通に働いていて衣食住以外の，レジャーや耐久消費財にお金を
回すことができるようになったのである。石鹸1つとっても，100年前までは
店に1種類しかなかったものが，普及品から高級品までさまざまな石鹸が
ニューヨークの百貨店には並ぶようになっていた。広告の世界では，1920年に
アメリカでラジオの定時放送が始まる。人々は次第に豊かになり，多くの選択
肢のなかから自分の好きな商品を自由に選べるようになった。広告主にとって
は，消費者に選んでもらうために商品をアピールすることが重要になっていた
のである。

　1929年の世界大恐慌によりアメリカの広告費はピーク時の3割近くにまで落
ち込んだ。ファシズムと第2次世界大戦の時代は，自由な広告活動もままなら
ない厳しい時期だった。第2次世界大戦後のアメリカは，パックスアメリカー

図表8-2　アメリカ広告業協会ディレクターによるクリエイティブ戦略（1927年）
　　　　　「ダニエル・スターチ」

質問項目	構成要素
1．誰に対してその商品は販売されるのか。	ターゲット（対象者）
2．どのようなアピールによってその商品は販売されるのか。	アピール
3．アピールはどのようにすれば最も効果的に表現されるか。	最も効果的な表現
4．どのメディアでアピールや広告は出稿されるべきか。	メディア
5．その商品の広告にふさわしい広告費はいくらか。	広告費

出所：(Starch, 1927)

ナと呼ばれた繁栄の時代を迎える。ライシュ（Reich, 2008）は，「第2次世界大戦が終了した1945年から1975年にかけて，米国は資本主義と民主主義の両立という輝かしい成果をあげた」と指摘している。米国では1941年に，日本でも1953年にテレビの定時放送が始まる。この資本主義の輝かしい成長期を代表する考え方がコーレイの主唱したDAGMARである。DAGMARは，量的調査による目標の数値化で広告やマーケティングの効果を数量的に測定し効率を上げようという考え方であった。DAGMARには，未知，認知，理解，確信，行為という広告の効果階層モデルが示されているが，これには誰に，何を，いかにという要素がなくクリエイティブ戦略ではない。クリエイティブブリーフ登場以前のマーケティングコミュニケーションのプランニングは，量的調査を中心とした数量モデルを基礎としたものが主流であった。

③ クリエイティブブリーフの誕生・発展期 （1968年〜1999年）

⑴　キングによるクリエイティブブリーフの誕生

1968年イギリスのキングとポリットによってアカウントプランニングが創始された。アカウントプランニングは，コンシューマーインサイトとクリエイティブブリーフの2つを特徴としている。現存する初期のクリエイティブブリーフであるキングのTプランを紹介する。Tプランの原型は1964年にキングにより作成されたといわれている。Tプランについてキング（King, 1989）は「広告がいかに見られるべきかを基礎とするのでなく，広告によってブランドへの消費者の反応がどうなるかを基礎とすべきである」と述べている。Tプランは，以下の6つの質問で構成されている（**図表8-3**）。誰に語りかけるのか。この商品やサービスは彼らの心のなかでどんな位置を占めているか。広告が解決しなければならない問題は何か。主要な反応は何か。その反応を支える理由は何か。その広告はどのような特徴を持っているのか。構成要素は，①ター

図表8-3　クリエイティブブリーフの誕生（1968年）「Tプラン」

質問項目	構成要素
1．誰に語りかけるのか。	ターゲット（対象者）
2．この商品やサービスは彼らの心のなかでどんな位置を占めているか。	コンシューマーインサイト
3．広告が解決しなければならない問題は何か。	広告の役割
4．主要な反応は何か。	消費者の反応
5．その反応を支える理由はか。	反応へのサポート
6．その広告はどのような特徴を持っているのか。	トーン＆マナー

出所：King（1964）を参考に筆者作成

ゲット（対象者），②コンシューマーインサイト，③広告の役割，④消費者の反応，⑤反応へのサポート，⑥トーン＆マナー，である。キングはグループインタビューなどの質的調査を重視した。キングの考え方の中心は，消費者を広告開発の中心にすべきとしたことにある。キングのクリエイティブブリーフの特徴は，コンシューマーインサイトをブリーフの中心に置き，これを企業やブランドの課題と結びつけることで，解決策を導き出そうとした点にある。キングは，消費者中心の広告という考え方は，それまでの広告の天才といわれたクリエイター達の頭のなかにはすでにあったことを認めている。キングのユニークな点は，クリエイティブブリーフの書式にすることでコンシューマーインサイトの考え方を誰にでも活用できるものにしたことである。

　キングがアカウントプランニングを創始した1968年は激動の年である。この年，キング牧師の暗殺，プラハの春，パリの5月革命が起こている。翌年には，日本では東大安田講堂が陥落し，アポロ11号が月面着陸をした。71年にはドルショックが起こり，73年には石油ショックも起きている。この時代，戦後のアメリカの繁栄と，日本の高度成長が終わり，資本主義は成熟期に入っていた。資源やエネルギーを大量に消費する大量生産と大量消費による成長が曲がり角にきていた。この時期以降，広告やマーケティングの世界では，効力を失いつつある差別化要因として，価格で差をつける，流通チャネルを独占する，技術

的に先行することがいわれていた。まねのされにくい差別化要因として，ブランドのエモーショナルな付加価値が強調されだしていた。

(2)　スティールによるクリエイティブブリーフの進化

　1998年ポリットの在籍したBMP出身のスティール（Steel, 1998）により，「アカウントプランニングが広告を変える」が発表された。90年代の後半，マスメディアだけでなく，1つの大きなテーマを中心に広告も，プロモーションも，ダイレクトマーケティングも，PRも，イベントも統合したIMC（統合マーケティングコミュニケーション）が強調された時期である。

　スティールがこの著作で紹介しているクリエイティブブリーフは7つの質問からなっている（**図表8-4**）。そもそも広告をする理由は何か。広告によって何を達成しようとしているのか。誰にむかって語りかけるか。彼らについてわかっていることは。伝えたいメインアイディアは何か。アイディアを発展させる最良の方法は。自分が正しいことをどうやって知るか，がそれである。構成要素としては，①ビジネス目的，②広告目的，③ターゲット（対象者），④コンシューマーインサイト，⑤コアアイディア，⑥エクセキューションアイディア（実施アイディア），⑦証拠（サポート）の7要素である。スティールのクリエイティブブリーフの特徴は，コアアイディア（コンセプト）と，エクセキューションアイディア（実施アイディア）を明確にわけた点にある。これは，IMCプランニングの特徴であり，以後のマーケティングコミュニケーションに定着していく。1つの統一された大きなアイディア（コアアイディア）で，全キャンペーンを串刺しして，実施されるさまざまな活動が同じキャンペーンであることを明確にわからせる必要があったのである。

　スティールがこのクリエイティブブリーフを発表した1998年は，1987年のニューヨーク株式市場の暴落（ブラックマンデー）から約10年，日本もバブル崩壊後の経済が停滞した時期である。1995年ウィンドウズ95が発売されアマゾンが創業しているが，本格的なIT化はまだ始まっていない。パーシーとロッシータ（2000）は「新たな統合型コミュニケーションの時代（中略），パッ

図表8-4　IMC時代のクリエイティブブリーフ（1998年）「ジョン・スティール」

質問項目	構成要素
1．そもそも広告をする理由は何か。	ビジネス目的
2．広告によって何を達成しようとしているのか。	広告目的
3．誰にむかって語りかけるか。	ターゲット（対象者）
4．彼らについてわかっていることは。	コンシューマーインサイト
5．伝えたいメインアイディアは何か。	コアアイディア
6．アイディアを発展させる最良の方法は。	エクセキューションアイディア
7．自分が正しいことをどうやって知るか。	証拠（サポート）

出所：（Steel, 1998）

ケージからPRまで顧客のすべての接触を潜在的な広告媒体として考慮する必要がある」と主張していた。この時代，多メディア化が進み，消費経験や知識が豊富な消費者が増加し，消費者の成熟化がいわれていた。広告の世界では，ニューメディアやマルチメディアという言葉が使われ，来たるべきインターネットの世界を予測していたが，それが現実のものとなり世界を大きく変えるのは20年後のことであった。

4　クリエイティブブリーフの変革期（2000年〜現在）

⑴　クリエイティブブリーフに現れた変化

　2000年代に入りテクノロジーの進化とデジタル化が進み，広告もメディアも大きく変化していく。2008年の欧米の広告の著作に紹介されているクリエイティブブリーフはそんな変化を反映したものになっている（Wells et.al, 2008）。それは7つの要素からなっている（図表8-5）。このコミュニケーションの役割は何か。オーディエンスの理解に役立つインサイトは何か。オーディエンスに何を考え，感じ，行動してほしいのか。最も重要な点を1点あげると何か。

図表8-5　広告からコミュニケーションへ（2008年）

質問項目	構成要素
1．このコミュニケーションの役割は何か。	コミュニケーション目的
2．オーディエンスの理解に役立つインサイトは何か。	オーディエンスのインサイト
3．オーディエンスに何を考え，感じ，行動してほしいのか。	オーディエンスの反応
4．最も重要な点を1点あげると何か。	最も重要な点
5．どんな証拠がこのメッセージを信用させるのか。	信用させる証拠
6．このコミュニケーションに重要なブランドの要素やパーソナリティは何か。	ブランドパーソナリティ
7．予算，必要事項，メディア，タイミング。	その他の必要事項

出所：Advertising Principle and Practice（2008）

どんな証拠がこのメッセージを信用させるのか。このコミュニケーションに重要なブランドの要素やパーソナリティは何か。予算，必要事項，メディア，タイミングである。構成要素としては，①コミュニケーション目的，②オーディエンスのインサイト，③オーディエンスの反応，④最も重要な点，⑤信用させる証拠，⑥ブランドパーソナリティ，⑦その他の必要事項，の7点である。現代に近いこのクリエイティブブリーフの特徴は，広告でなくコミュニケーションであり，ターゲットでなくオーディエンスという言葉が使われている点である。1960年代の終わり頃に，優れた広告アイディアを開発するためにつくられたクリエイティブブリーフから，広告の文字が消えたのである。デジタル化の進展で，広告が伝達から結びつける（エンゲージメント）に，一方向から双方向へと変化したことを反映している。

(2)　現在のクリエイティブブリーフの課題

2016年総務省の発表によると，日本国内のスマートフォンの普及率は72％となり，インターネットへの入り口はPCを抜いてスマートフォンになろうとしている。いつでも，どこでも，誰とでも人々は繋がり，みずからがメディアと

して発信する時代が到来した。2017年4月7日の日本経済新聞に，世界の媒体別広告費で2017年中にインターネットがテレビを抜き1位になるというイギリスの調査会社の予想が発表されていた。広告の主役も，戦後長らく地位を保ってきたテレビからネットへと移ろうとしている。

　この時代，クリエイティブブリーフにどんな変化が起きているのであろうか。**図表8-6**はさまざまな会合や学会などでお話を伺った戦略プランナーの方々から指摘のあった点をまとめたものである。

　ブリーフに新しく追加された要素としては，①チャネルとテクノロジーについての考え方（Web/SNSの活用）と，②行動をあおるものの記述（口コミ，いいね，拡散の促進）の2点があげられる。これは前述した，ソーシャルメディアやウェブの隆盛に対応したものである。ブリーフ全体の考え方の変化としては，第1に，コンシューマーインサイトから人を扇動するインサイトへの変化がある（INSIGHTからINCITE）。これは広告やコミュニケーションの役割が，態度変容から行動変容へ変わってきていることの表れである。第2に，コアアイディア至上主義から顧客との出会いやストーリー重視への変化である。一方向で伝達をした時代，多くの人々がマスメディアで同じ情報に同時に接した時代には，コアアイディアのインパクトが要求された。現在では，スマート

図表8-6　現在のクリエイティブブリーフの変化（新しい要素・考え方）

新しい要素・考え方	構成要素
チャネルとテクノロジーについての考え方	Web/SNSの活用
行動をあおるものの記述	口コミ，いいね，拡散の促進
コンシューマーインサイトからインサイト（人を扇動するもの）への変化	態度変容から行動変容へ
コアアイディア至上主義から顧客との出会いやストーリーへ	アイディア至上主義の後退
伝達のためのブリーフから行動を起こすためのブリーフへ	伝達からエンゲージメント
スピーディーな即時の対応の必要性	オールウィエイズオン

出所：2015年インタビューを基に，筆者作成

フォンやタブレットから流れてくる写真や動画や文字などのさまざまな情報において，人々の心を動かす出会いやストーリーが入り口として重視されている。伝達のためのブリーフから，行動を起こすためのブリーフという指摘もこの点と意味は同じである。コミュニケーーションが伝達からエンゲージメント（結びつき）に変化したことへの対応である。第3に，常にネットと繋がっているオールウェイズオンの状態への対応として，スピーディーなそれこそ即時の対応が広告主と広告会社に求められるようになっている。

⑤ クリエイティブブリーフの歴史，特徴，変化：本章のまとめ

本章で明らかになった要点，クリエイティブブリーフの歴史，特徴，変化についてまとめてみる。

最初は図表8-7に示した，クリエイティブブリーフの歴史的展望についてである。広告クリエイティブ戦略は，20世紀の初めにはすでに存在した。それに注目した人々のビジネスには個別には貢献した。しかし経済が大きく成長した1912年から1967年の時期には，クリエイティブ戦略は広告業界全体としては，それほど注目されなかった。1950年から1970年までの20年間に，アメリカのGDPは2.3倍に，日本のGDPは7.7倍に増加している。

図表8-7　クリエイティブブリーフの歴史的展望

3期間	クリエイティブ ブリーフ以前	クリエイティブ ブリーフ誕生発展期	クリエイティブ ブリーフ変革期
年	1912〜1967	1968〜1999	2000〜現在
経済状況	戦争をはさんだ経済繁栄期	経済の構造変化期	デジタルエコノミー期
主要メディア	マスメディア全盛	マスメディアとメディアの多様化	デジタル革命　SNSモバイル
人と思想	リーソー／スターチ	キング／スティール	現在のプランナー

出所：筆者作成

　クリエイティブブリーフが登場するのは，キングとポリットによるアカウン
トプランニング創始の時代である。1968年から1999年は，第2次世界大戦後の
経済成長が1段落し，成長の限界が言われ出した経済の構造変化の時代であっ
た。モノがあふれ，普段の生活に不便さを感じなくなった人々に，激しい競争
のなかでモノやサービスを選んでもらう必要があった時代である。またマスメ
ディアが全盛で，人々に情報を伝達する広告の力が強かった時代が，クリエイ
ティブブリーフの全盛期であった。すなわちクリエイティブブリーフに基づく
戦略で開発された，優れたクリエイティブアイディアにより，ビジネスが成功
に結び付いた時代であった。クリエイティブブリーフの成長は，90年代のIMC
期まで続いた。この間経済は緩やかに成長していた。1979年から1999年にかけ
ての20年間に，アメリカのGDPは1.9倍に，日本のGDPは2.2倍に増加している
が，高度成長期から見ると成長の鈍化は否めない。

　21世紀，ネットの進化，ソーシャルメディアの隆盛，モバイル化で，広告も
メディアも激しい量的質的変化をみせた。EC（電子商取引）が普通のことに
なり，日用品までがアマゾンで翌日には配達される時代である。広告やコミュ
ニケーションの世界で起こった，伝達からエンゲージメントへ，一方向から双
方向へ，スピード化等々，2000年から現在までの変化は，クリエイティブブ
リーフにも反映されている。2000年と2015年を比較すると，アメリカのGDP
は＋75％だが，日本のGDPは－2％で，経済成長は停滞気味である。

　第2にクリエイティブブリーフの特徴についてである。歴史的な分析から明
らかになったクリエイティブブリーフについて重要なポイントをあげてみよう。
Tスクエアにあった，クライアントの真の課題を理解すること。スターチの主
張する，アピールとそれを有効に伝えるためのクリエイティブアイディアの重
要性。キングの主張した，コンシューマーインサイトを追求することと，消費
者中心の広告開発。スティールのいう，コンセプト（コアアイディア）と表現
アイディアをきちんと分けて開発すること。そして21世紀のデジタル化の進展
に伴う双方向化，拡散の重要性およびスピード化を反映することである。ス
トーレイとスミット（Storey & Smit, 2007）は，クリエイティブブリーフの

役割として以下3点をあげている。

① 　クライアントと広告会社の間の合意の証拠である点。

② 　クリエイティブアイディアを評価判断する基準である点。

③ 　クリエイターのクリエイティブアイディア開発を鼓舞する点。

　クリエイティブブリーフは，クリエイティブ戦略の指針であり，クリエイティブ評価のための判断基準であり，優れたアイディアの起爆剤である。これがクリエイティブブリーフの変わらない本質といえる。

　本論から導きだせる，良いクリエイティブブリーフの条件をまとめてみよう。

① 　クライアントやブランドの課題を明確にしていること。

② 　対象者とそのインサイトが明確であること。

③ 　広告やコミュニケーションの目的が明確であること。

④ 　ブランド（商品・サービス）が提供できるものが明確であること。

⑤ 　チャネルとテクノロジーについての考え方が明確であること。

⑤ 　守るべき必要事項を押さえていること。

　そして理想的には，クリエイティブブリーフは，人々を驚かせ，人々を動かし，社会や文化に貢献できるようなコミュニケーションを導き出す，方向を指し示すものであってほしい。

　第3はクリエイティブブリーフの現在の課題についてである。デジタル化の進行，急激なソーシャルメディアやモバイルの広がりへの対応が中心となっており，以下5点が挙げられる。

1 ）態度変容から行動変容への変化。

2 ）コアアイディア至上主義から，出会いやストーリーの重視への変化。

3 ）アジャイル化（変化への対応スピードが勝負を決める）への変化。

4 ）ブリーフを使う参加人数の増加。（デジタル・SNS・イベント・EC等）

5 ）テクノロジーの活用がクリエイティビティにもたらす変化。

　クリエイティブブリーフについて，歴史，特徴，変化を大きな視点で分析してきた。だが，優れたクリエイティブブリーフだけでは優れたコミュニケーションは実現できない。そこには，優れたクリエイターの，人の心を動かすア

イディアが不可欠であることは，いうまでもない。今こそ，優れたクリエイ
ティビティをもつアイディアを実現する，戦略プランナー，クリエイター，
ウェブクリエイター，テクノロジスト，PR，メディア，イベントなど，クラ
イアントや広告会社を問わずマーケティングコミュニケーションにかかわる
人々全体の力が試されているのである。

第**9**章 戦略レビューボードとクリエイティブレビューボード

1 はじめに

　大手広告会社や，マーケティングコミュニケーションを実施する企業が，規模の大きな競合プレゼンテーションや，自社の将来を左右するような重要な案件のコミュニケーション戦略やクリエイティブアイディアを，クライアント（得意先企業）に提示する時，事前に自社内でレビュー（審査）することは一般的である。

　特に外資系の企業においては，この社内レビューは，必ずといっていいほど実施されている。しかし，その実態，方法，考え方，システム等についての研究は，現在までのところ，ほとんど見当たらない。

　本章では，マーケティングコミュニケーションにおける戦略レビューボードとは何か。戦略レビューボードは，実際にはどのように行われているのか。戦略レビューボードは，クリエイティブアイディアの開発にどのような貢献をしているのか。アカウントプランニングの考え方のなかで，戦略レビューボードの意味はどのようなものか。また，クリエイティブレビューボードとは何か。クリエイティブレビューボードはどのように行われているのか。戦略レビューボードとクリエイティブレビューボードの関係はいかなるものか。創造性実現のためにそれらは有用か，について論を進める。

② 戦略レビューボード

(1)　先行研究

　戦略レビューボードとは，大手広告会社などで得意先にマーケティングコミュニケーション戦略を提案する際に，事前に会社の経営層に対して，その戦略の内容を説明し承認を得る会議のことをいう。審査される内容は，マーケティングコミュニケーション戦略と，クリエイティブブリーフである。アカウントプランニングや，マーケティングコミュニケーションの戦略立案についての著作や論文に，戦略レビューボードやクリエイティブレビューボードに関する記載があるものは，ごく限られている。King（1989）は，『The Anatomy of Account Planning』（アカウントプランニングの解剖）のなかで，「優れたアイディアは，マーケティング部門の射撃の名手として，またプランボード（Plan Board）のスナイパーとして，クライアントにプレゼンテーションされる前に，必ず生残る」という，1938年のJWトンプソン・ロンドン支社のブローシャー（会社案内）の記述を紹介している。ここで触れられているプランボードとは，のちの戦略レビューボードのことである。第2次世界大戦の前に，すでに広告アイディアや戦略をレビューするシステムが存在していたことを示す貴重な例である。

　アカウントプランニング関連の欧米や日本の論文や著作で，これ以外に戦略レビューボードについて触れているものは，筆者の見た範囲ではなかった。ポリット（Pollitt, 1979），キャンベル（Campbell, 1992），スティール（Steel, 1998），ケリー他（Kelley et al., 2014），小林（1998），小林（2004）等でも，クリエイティブブリーフへの言及はあるが，クリエイティブブリーフをレビューする戦略レビューボードについて触れているものはなかった。また，クリエイティブレビューボードに関しても記述されたものは筆者の調べた限りでは見つからなかった。ただ1つ，妹尾（2015）は「アカウントプランニングは

（中略）異質の価値を重んじる広告会社のスタッフ，クリエイター，広告担当営業，生活者理解にたけたアカウントプランナーの討議を介してアイディアに磨きをかける」と指摘しており，クリエイティブレビューボードの目的と同じ創造性実現のためのプロセスに言及している。2019年秋の日本広告学会全国大会等で，日本を代表する大手広告会社2社の幹部の方に，競合プレゼンテーションなどの時に戦略レビューボードを実施しているかどうかを質問したが，お2人とも会社のシステムとしては存在しない。ただ，個々のグループ単位では似たようなことは，大きな競合プレゼンテーションの前にはなされているとの答えだった。外資系広告会社と違い，日本の大手広告会社では戦略レビューボードはほとんど行われていない。後述するが，昭和期の宣伝会議編『広告大辞典』（1971）には「プランズ・レビュー・ボード」と「クリエイティブ・レビューボード」の項目があり，かつては社内の会議として存在していたことを示している。

(2)　戦略レビューボードとは

　戦略レビューボードの実施方法を具体的に示す。通常のレビューボードメンバーは，社長を頂点とする担当の役員レベルで，レビュー対象は次の2つの資料である（図表9-1）。第1には，マーケティングコミュニケーション戦略，第2には，クリエイティブブリーフである。1つ目のマーケティングコミュニケーション戦略の内容は，ブランドのマーケティング活動について検討され，その担当チーム内で合意された方向を要約したものである。具体的には，ブランドの現状のなかで最も重要な点，ブランドにとっての問題点と機会の要約，

図表9-1　戦略レビューボード

ボードメンバー	レビュー対象
社長を頂点とする担当の役員レベル	1．マーケティングコミュニケーション戦略
	2．クリエイティブブリーフ

出所：筆者作成

そのブランドのコミュニケーションの目的となるポジショニング，消費者態度，シェアなどが含まれる。2つ目のクリエイティブブリーフには，マーケティングコミュニケーションの目的，対象者（ターゲット）とそのインサイト（本音），最も大切な反応，その反応を引き出すために必要な情報や特性，メディアや予算での考慮点などが含まれる。

　広告やマーケティングコミュニケーションの戦略立案，コンセプト開発，アイディア開発などには多くの人々がかかわる。広告会社内では，担当営業，戦略担当，クリエイティブ担当，ウェブ担当，モバイル担当，ソーシャルメディア担当，PR担当，プロモーション担当，その他のメディア担当などがいる。クリエイティブブリーフ，コンセプト，アイディアなどは必ずチーム内での議論と討議を経て練り上げられ，最終的には，チーム内の合意によっていくつかの原案に絞られる。

　図表9-2のプランニングサイクルで説明すると，クライアントのブリーフを受け，①現状分析，②要因分析，③（マーケティング）コミュニケーション

図表9-2　プランニングサイクル

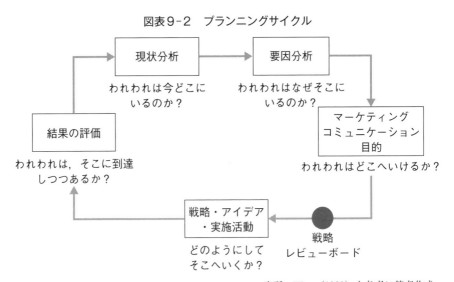

出所：King（1989）を参考に筆者作成

目的，まで完成した時点で，戦略レビューボードは実施される。この先の④戦略・アイディア・実施活動，⑤結果の評価，と前の①②③を結びつける大変重要な役割をしている。戦略レビューボードの効果は，現状分析，要因分析，マーケティングコミュニケーション目的により作成された戦略と，この後のコンセプト，クリエイティブアイディア，それを展開するPRやメディア，プロモーション，イベントなどを結びつけるクリエイティブブリーフを，アイディア開発の前に確認する作業である。キルガー他（Kilgour et al., 2013）はクリエイティビティに関する著作で，「もしわれわれが戦略立案に失敗すれば，それは失敗することを計画したようなものである」と述べている。

　戦略レビューボードに言及している日本での唯一の例として，久保田宣伝研究所編の『広告大辞典』（1971）をあげておく。このなかに「プランズ・レビュー・ボード」として項目がある。説明として中井幸一は，「エージェンシーにおける最高チェック機関の1つ。（中略）プランズ・レビュー・ボードは，トータル・マーケティング・プランに基づいて，あらゆる面からチェックする。エージェンシーで行う作業は，すべてチェックの対象になる（後略）」としており，本論で取り上げている，戦略レビューボードと同じ趣旨である。中井は日本最大の広告会社に所属していたので，この時代にはおそらく外資系大手広告会社の方法を取り入れていたものと考えられる。ちなみに，宣伝会議の2006年刊の『マーケティング・コミュニケーション大辞典』には，この項目はない。

(3)　戦略レビューボードの実施例

　1980年代の後半に，外資系大手広告会社JWT社において「アカウントマネジメントハンドブック」というものが作成されていた。この会社は，アカウントプランニングを創始した1人である，キングが在籍した会社である。小林（1992）による日本へのアカウントプランニング紹介以前に，日本の外資系広告会社ではアカウントプランニングの模索が始まっていた。しかし部門名には，アカウントプランニング部という名称は使われていない。

　このハンドブックは新入社員向けにアカウントプランニングの方法論を理解させ，実際の仕事に応用できるようにするためのマニュアルである。このなかに「アカウントマネジメント（営業）のプロセスをスムーズに運用するためにレビューが有益である」という記述がある（JWT社, 1989）。

　あるブランドや製品担当のアカウントチームだけでマーケティングコミュニケーション戦略の開発をしていると，あまりにもそのブランドや製品にどっぷりとつかっているために，消費者の本当の姿や注意すべき大切な点を見落としているということがよく起こる。その時に必要となる，①戦略アプローチを微調整すること，②戦略オプションを見つけることは，むずかしい仕事である。それには普段そのブランドや業界にかかわっていないさまざまな別の専門分野の知識を持った人々の新鮮な見方や意見が必要であり，そこで思わぬ発見やアイディアの種を見つけ出せることがある。戦略レビューボードを開く意味はここにある。

　JWT社で行われていた戦略レビューボードの参加者は以下のとおりである。レビューを受ける側はそのブランドの営業担当の責任者（アカウントディレクター），クリエイティブの責任者（クリエイティブディレクター），戦略の責任者（プランニングディレクター）の3名である。レビューをする側は，営業のトップ（社長または営業担当の副社長），クリエイティブのトップ（エグゼクティブクリエイティブディレクター），戦略のトップ（エグゼクティブプランニングディレクター）の3名と書記。事前にアカウントチームが準備したクリエイティブブリーフが準備され，レビューワーに確認のために配布される。補完するデータとして，重要な調査結果や，ブランドの問題点と機会，マーケティングコミュニケーション目的なども準備される。

　戦略レビューボードの時間は，1時間から1時間半くらいである。大きな問題点がなく，戦略が明確である場合はスムーズに終わるが，見解の対立があり，議論を呼ぶ問題を抱えている時などは，長時間に及ぶ場合もある。会議の結果はクリエイティブブリーフすなわち，マーケティングコミュニケーション戦略を要約した文書に反映され，クリエイティブアイディアの開発に進む。すべて

の案件，すべてのブランドに，戦略レビューボードが実施されるわけではない。会社にとり，重要な案件，問題を抱えている案件，規模の大きなブランドや製品に関して行われることが一般的である。

3 クリエイティブレビューボード

(1) クリエイティブレビューボードとは

クリエイティブレビューボードとは，戦略が固まりクリエイティブチームに，アイディア開発の依頼がされた後に，クリエイティブチームから上がってきたアイディアをクライアントにプレゼンテーションするに足るものかどうかを判断するために開催される。判断の基準は2つに絞られる。第1点が，そのクリエイティブアイディアが戦略にのっとったものであるかどうか（On Strategy，オンストラテジーかどうかが問われる）。第2点が，アイディアとしてすぐれているかどうかである（Creativity，創造性が問われる）。戦略に合っているかどうかは，論理的な判断である。しかし，優れたアイディアかどうかは感性に訴えるかどうかを問う直観や情緒的な判断が含まれる。この2つを総合して，広告やコミュニケーションが「人の心を動かすか？」が問われるのである（図表9-3）。これは非常にむずかしい，全人的な判断である。これがきちんとできる人はごく少ない。優れたクリエイターが尊敬され，引く手あまたとなるのはこの理由である。

図表9-3　クリエイティブレビューボードの判断基準

On Strategy	戦略に合致しているか	2つを総合して，広告やマーケティングコミュニケーションが「人の心を動かすか？」を判断する
Creativity	優れたアイディアかどうか	

出所：筆者作成

図表9-4　クリエイティブレビューボード

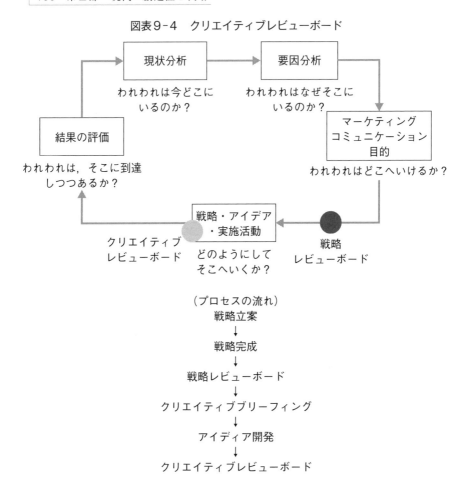

ここで，戦略レビューボードと，クリエイティブレビューボードの関係を確認しておこう。

戦略レビューボードは，プランニングサイクルのなかで，現状分析，要因分析，マーケティングコミュニケーション目的が固まりその内容をクリエイティブブリーフにまとめ上げた時点で行う。ここで確認，承認されたクリエイティブブリーフをもとに，クリエイティブへのアイディア開発のための，ブリー

フィングが行われる。クリエイティブがいくつかのアイディアを開発した後に行われるのが，クリエイティブレビューボードである（**図表9-4**）。

(2)　クリエイティブレビューボードの実例

クリエイティブレビューボードは，クリエイティブチーム内でアイディアが固まり，それをクライアントにプレゼンテーションする前に，アイディアを事前に社内でレビューするために行われる。参加者は，レビューする側が，営業のトップ（社長または営業担当副社長），制作のトップ（エグゼクティブクリエイティブディレクター），戦略のトップ（エグゼクティブプランニングディレクター）の3名またはそれに代わる人。レビューされる側が，クリエイティブディレクター（チームのクリエイティブ責任者）とアカウントディレクター（チームの営業責任者），それにプランニングディレクター（チームの戦略責任者）の3名が普通である。

実施方法は，まず戦略の確認が，ブランドのマーケティングコミュニケーション戦略と，クリエイティブブリーフを使って行われる。次に，実際のクリエイティブアイディアが2～3案説明される。アイディアは，キービジュアル，ストーリーボード，展開イメージなどの形で示される。この時にサポートとなる重要な消費者インサイトや，調査結果，アイディアの核となるコンセプトも同時に説明される。

評価基準は，戦略に合致しているか，そして人の心を打つアイディアかである。

2000年代デジタル化が進展していた頃，JWT社ではすべてのクリエイティブブリーフをレビューするシステムを導入した一時期があった。この制度は「ブリーフドクター」と呼ばれていた。目的は国内外の広告賞をできるだけ多く獲得するために，クリエイティブアイディアの質を高めることであった。この制度はECD（エグゼクティブクリエイティブディレクター）の発案で始まり，すべてのクリエイティブブリーフはアイディア開発の前に，エグゼクティブクリエイティブディレクターと戦略の責任者の2人にレビューされた。毎週1回，

図表9-5　カンヌ国際クリエイティビティフェスティバルでのJWT社の主要な受賞

Lead India	2007 カンヌグランプリPR部門
Kit Mail	2009 カンヌグランプリMedia部門
Buruma	2010 カンヌゴールド Design/Outdoor部門
Heaven & Hell	2011 カンヌグランプリPress/Outdoor部門
Most Popular Song	2012 カンヌグランプリPR部門
Next Rembrandt	2016 カンヌグランプリ Cyber部門

出所：筆者作成

決められた日時に，その週の新しいクリエイティブブリーフが，アカウントチーム（営業，クリエイティブ，プランナー）により，2人にレビューされる。いくつかの質問や，議論があり，指摘された点はクリエイティブブリーフに反映された。これを実施した時期，JWT社は全世界的に，国際的な広告賞の受賞数で飛躍的な伸びを示した。JWT社のカンヌ国際広告祭（当時）での全世界の受賞数は2000-2004年の20から，2005-2008年の112へと5倍以上になったのである。質の高いクリエイティブブリーフが，クリエイティブアイディアの質の向上に確実に貢献したのである。JWT社は，その後もカンヌでグランプリを含む多くの優れたクリエイティブ作品を残している。一部を紹介すると**図表9-5**のようになる。

　また2015年に実施した広告学会の助成研究のインタビュー調査で，外資系のO&M社がクリエイティブブリーフのチェックを専任にしている担当者を置いているとの指摘があった（佐藤・村尾，2016）。

　クリエイティブレビューボードに関して言及している，日本での2つの例ををあげておく。どちらも宣伝会議の広告関連の辞典である。『広告大辞典』(1971) で中井幸一は，「エージェンシーにおいて，広告作品の質の維持，向上を目的に設置されたチェック機関。トータル・マーケティング・プランに基づいて総合的にチェックするプランズ・レビュー・ボードに対して，クリエイティブ・ストラテジーについてチェックする。レビューされる作品の対象は，特定キャンペーン，プレゼンテーションはもちろんのこと，随時必要に応じて

取り上げられる（後略）」と述べている。また『マーケティング・コミュニケーション大辞典』（2006）で植原政信は，「広告会社がクライアントにプレゼンテーションを行う際，事前に広告会社内でその提案物がクライアントの課題（オリエンテーション）に沿った提案であるか，またその広告表現が適切であるかなどをチェックする機能およびシステム」と記述している。広告学会でのインタビュー調査で，大手広告会社の人たちが「統一された決まりごととしてはないが，個々のチームで似たようなことは個別に行われている」と話したのと同じ意味と理解することができる。

⑶　クリエイティブ開発へのレビューボードの貢献と変化

　アカウントプランニングにおけるクリエイティブブリーフの役割は，第8章でも述べたが，①クライアントとの戦略の同意の証拠であること，②クリエイティブアイディアの評価基準であること，③クリエイティブアイディアの開発を促進することの3点である（Storey et al., 2007）。欧米の広告会社では，クリエイティブブリーフの統一フォーマットがあり，その使用は義務づけられている。一方日本の広告会社では，統一フォーマットはなく，その運用は担当各チームにゆだねられている。（佐藤・村尾，2016）

　4章でも触れたがヤング（1975）は，自分たちの作り出したアイディアを「理解ある人々の批判を仰ぐ」ために見せる必要性を説いている。それは「アイディアを（中略）実際に力を発揮しなければならない場である現実の過酷な条件やせちがらさといったものに適合させるために，忍耐づよく種々たくさんな手をそれに加える必要があるからだ」と指摘している。戦略レビューボードは，この始まりの1つのステップである。ヤングはクリエイティブアイディアについて，「良いアイディアというものは，言ってみれば自分で成長する性質を持っているということに諸君は気づく。よいアイディアはそれを見る人々を刺激するので，その人々がこのアイディアに手を貸してくれるのだ。諸君が自分では見落としていたアイディアの持つ種々の可能性がこうして明るみにでるのだ」とも述べている。これは前述したクリエイティブレビューボードの重要

な役割の1つである。

　マーケティングコミュニケーション戦略が研ぎ澄まされたものであれば，優れたアイディアを生む確率も高まる。またクリエイティブのレビューでは，ヤングのいうように良いアイディアは成長する性質を持っている。大切なことは，良いアイディアを見極め，なんとかしてそれを殺さず，クリエイティブの開発，選択，実制作のすべての段階で，守り，育て，強力なものにして世に出すことである。

　ネットへの入り口が，モバイル中心となり，スマートフォン1つで何もかも済ます若者が増えている。このような時代の戦略やクリエイティブには大きな変化が求められている。デジタル化の進展により，マーケティングコミュニケーションの戦略の立案も，従来型からデジタル型に大きく変化を余儀なくされている。従来の「キャンペーン型」から，デジタル下での「オールウェイズオン型」へ。従来の「心理指標重視型」から，デジタル下での「行動指標重視型」へ。従来の静的で分析中心の戦略プランニングから，デジタル下での動的で予測中心の戦略プランニングへといった具合である。このような時代の変化のなかでも，企業や団体の課題を見極め，正しい戦略と優れたアイディアにより「人の心を動かす」という，広告やマーケティングコミュニケーションの本質は変わらない。

④　レビューボードまとめ

　戦略レビューボードとクリエイティブレビューボードに関して，アカウントプランニングの視点から，それがどのようなものであり，実際にどう行われ，どのような意味を持っているかを論じてきた。アマビル（Amabile, 1983）は「製品や反応は，観察者が個別にそれが（優れた）クリエイティブであると同意する程度により，クリエイティブであると判断される」と述べている。

　レビューボードの良い点は，普段そのブランドやサービスの直接担当でない人々の，新鮮な視点で，さまざまな意見が聞けること。また，質問や議論によ

り，戦略やアイディアの思わぬ良い点が見つかり，それが発展する端緒となることである。これは良いコンセプトについても同様である。研ぎ澄まされた戦略やアイディアを見極め，現実に活用するのである。

　筆者はマーケティングコミュニケーション戦略にも創造性が必要であると考えている。優れた戦略やコンセプトには，人々の心を動かす力が秘められている。戦略レビューボードは，そのための衆知を集める，1つの試みである。また，優れたコンセプトやアイディアを見極めるのは至難の業である。

　日本は近年，学術の分野でも産業の分野でも，欧米や新興国の後塵を拝すことが多くなった。研究や，製品，ブランド，サービス，科学などさまざまな分野で，今こそ創造性が求められている。戦略レビューボードとクリエイティブレビューボードが，日本の学会，産業界の創造性の活性化の一助となれば幸いである。

終章

創造性実現のために

1　プラトン・孔子・宣長の問い

　最後に創造性実現のために何をなすべきかについての考えを述べておきたい。西欧文明の基礎となったギリシアの哲学を代表するのはソクラテスとプラトンであるといわれている。アイディアの語源はギリシア語のideaであり，ソクラテスはこれが倫理的・美的価値を意味するとした。プラトン哲学の中心はこのイデア論であり，美のイデアと善のイデアを重視した。西欧近代文明につながる，真善美の追求の基礎はここにある。ソクラテスは一生の間に1行も書き残していない。われわれが今日ソクラテスの思想を知ることができるのは弟子のプラトンが書き残したソクラテスが登場する対話篇によっている。小林（1979）が本居宣長の「言霊」について書いている文章に「ひたすら知を愛し求めるという彼（ソクラテス）の哲学者としての自覚からすると，できるだけ率直に心を開いて人々と語るのが，真知を得る最善の道であった。周知のように彼は生涯一行も書かなかったのである」とある。

　また中国の儒教の祖である孔子も，1行も書き残していない。彼の言葉を弟子が集め書き残したものが『論語』である。『論語』の多くの章は弟子の問いに対する孔子の答えが記されている。「之を如何せん，之を如何せんと，曰ざる者は吾これを如何ともすることなきのみ」という言葉が論語にある。これはどうなっているのですか，これはどうしてですかと，私に問わない人間を，私はどうすることもできないという意味である。孔子も人に真剣に問うことの重

要性をいっている。

　日本の江戸時代を代表する思想家である本居宣長の処女作は『排蘆小船』であり問答体で書かれている。古来ものの本質に迫ろうとする時，新しい思想が生まれる時には，人に問うこと，人と心を開いて，全身全霊をかけて話し合うこと以外に方法はないということを，西洋，東洋の偉人たちは身をもって示している。

　日本も明治以降の近代化で，西洋万能，科学万能の考え方に傾倒した。しかしその基礎となった合理主義，科学主義が行き過ぎた感がある。特にデジタル化が進展した今日，アナログは古臭い，デジタルでないものは間違っているとでもいわんばかりの論調が盛んである。デジタル化には，人々を便利にする素晴らしい面がある。しかしソーシャルメディアの誹謗中傷に象徴される，人間の暗い面，悪い面を助長する面も忘れてはならない。匿名での，意見の表明や，非難などは，人間の卑怯さを野放しにするだけである。古来言葉には魂が宿るとされた。自分の言葉を，人間は大切にしてきた。それには自分の言葉に責任を持つということ以外に人間としての社会も，人間関係も成立しない。こんな基本的なことが忘れられようとしていることは，社会の退化以外のなにものでもない。ソクラテスや，孔子や，宣長を読んで思うことは，人間の心は2000年前も今も何も変わらないということである。人は生まれ，愛し，喜び，悲しみ，そして死ぬ。その間にいろいろのことを考え，努力し，失敗し，ほんの少し成し遂げ，普通に生活する。少しでも良くしよう，人の心を動かそうという試みが，戦略を生み，創造性に思い至る。

② 創造性実現のための4つの問い

　21世紀の現在，マーケティングコミュニケーションや広告・広報の世界で人の心を動かす（＝創造性を発揮する）ために必要なことは，「正しく問う」ことである。私たちに必要なのはいかにそれを，真剣にできるかである。問うにふさわしい人々をみつけ，彼らに正しく問うのである。これまでの章で紹介し

たものも含まれるがまとめとしてもう1度整理しておく。

第1の問い「戦略を明確にするための問い」

Q1：今どこにいるか？

Q2：なぜそこにいるか？

Q3：どこへ行けるか？

Q4：どのようにしてそこにいくか？

Q5：そこにいきつつあるか？

　Q1は，自分の属する企業や団体の，商品やサービスやブランドがどのような現状にあるのかを明らかにする。Q2は，その現状がもたらされている要因を明らかにする。そのなかには社会経済情勢，歴史，文化，政治，競合状況等が含まれる。そのなかで，商品やサービスやブランドや会社の，強みと弱み，問題点と機会を明らかにする。最後に，直面する自社の課題を明確にし，その本質をつかむ。Q3は，現状，要因，課題が明確になったところで，到達したい目標を設定する。できれば数値化等で，客観的にすることが望ましい。Q4では，目的を達成するためにクリエイティブブリーフで，対象者，対象者のインサイト（本音），コミュニケーションの目的，最も重要な反応，などを明確にする。ここで，「人の心を動かす」コンセプトやコアアイディアをクリエイターの手をかりて創りあげる。Q5で，それが実施されてどのような結果になったのかを，定量と定性の調査によりきちんと把握し，また最初の質問に戻る。

　大切なのは，螺旋状にこの5つの質問が循環することである。製品やサービスや，ブランドや企業が継続する限りこの循環は終わらない。

　第2の問い「マーケティングコミュニケーション戦略のための問い」

自分たちの解決すべき課題は何か？

Q1：誰に？

Q2：何を？

Q3：いかに？

　まず，自分たちの属する企業や団体や個人の解決すべき課題を明確にする。

これがはっきりしていないと次に進めない。Q1は，広告や，広報や，マーケティングコミュニケーションを実施する場合，誰に対してそれを行うかを明確にする必要がある。広すぎるとメッセージが希薄になり，狭すぎるとボリュームが見込めない。デモグラフィックスとサイコグラフィックスを駆使して対象者（ターゲット）がはっきりすれば，コミュニケーションの質も上がり，「人々の心を動かす」可能性も上がっていく。

　Q2は，何を伝えるかである。言葉を変えると，コンセプトやコアアイディアということになる。よくある誤解は，実施案の細かいアイディアをコンセプトと誤解するケースである。中島（2006）はコンセプトを「目的に向けて，最も重要で基本となる考え方を表す。対象物をあらゆる角度から分析し，そこから探索・抽出される。そのため仮説を立てたり，調査を導入するなど，見えていない部分にまで踏み込んで答えを求めることがある」と説明している。製品やサービスそのものを直接訴えるのではなく，それらと対象者のインサイト（本音）を結び付けるものとしてのコンセプトである。クリエイターたちの腕の見せ所である。単なる論理や理屈では人は動かない。人を動かすものは，直観であり感情である。心が動いた時にだけ人は行動を起こす。コンセプトはそれだけでは人の心を動かせない。そこでQ3の「いかに」が登場する。コンセプトを，言葉や，ビジュアルや，動画や，音声や，音楽を使って総合的に人の心に訴えなくてはいけない。広告のクリエイティビティが一番問われるのはここにおいてである。マーケティングコミュニケーション戦略の方法論については，第8章で紹介したクリエイティブブリーフでなされているさまざまな質問を参考にしていただきたい。どの質問を選ぶかは，それぞれの問題点による。ここではあえて一番シンプルでわかりやすい質問にしておいた。

　第3の問い「よいアイディアを見極めるための問い」

Q1：初めて見た時に息をのんだか？

Q2：最初にそれを思いついたのが自分だったらよかったのにと思うか？

Q3：ユニークか？

Q4：完璧に戦略にあっているか？

Q 5：30年間使用可能か？

　デイビット・オグルビーの有名なアイディアの評価基準である。Q 1は，息をのむように人々が驚く表現か。Q 2は競合がやられたと思うような，圧倒的な力をもっているか？　Q 3は，どこにもないユニークさがあるか。Q 4は，クリエイティブブリーフをきちんとふまえているか？　これは実務への貢献という，広告や広報やマーケティングコミュニケーションの使命を言っている。またオグルビーは昔調査会社にいて調査の利用に関してはプロであった。Q 5は，オグルビーの時代には今よりも時間がゆっくりとたっていたのでこのような言い方になっている。現在でも，成功した戦略を変えるタイミングは非常に難しい。これがきちんとできれば，商品やサービスやブランドが驚くほど長生きすることが可能になる。石岡（2005）もオリジナリティ（Originality：誰にもまねできない），レボリューショナリ（Revolutionary：画期的な新しさ），タイムレス（Timeless：時代を超える）の 3点を，デザインする時の指針すなわちクリエイティブの指針としてあげている。また石岡は，アイディアの創造については，まずお清めをし，前に手掛けたプロジェクトをすべて捨てさり体内をきれいにして，白紙に向かう。そして「土台になり柱になる考え方の構築」をする。これがずばぬけていないと，いくら実現段階で努力をしても無駄になると強調している。前述のコンセプト（コアアイディア）の構築にあたる。次にそれを実現するにあたっては「コラボレーション」の重要性を次のように強調している。「国を超え，人種を超え，性別を超え，一人の独立した人間として互いにスクラムを組み，孤独，美，笑い，怒り，悲しみなどを分かち合った日々が私をわずかながらも高いレベルへと導いていってくれる」と。第 2章でふれた「協働と合意による創造性の実現」と同じ意味である。

　第 4の問い「人々との議論により良いものを創りあげていくための問い」この広告・広報・CM・動画・デザインはどれに該当すると思いますか？

1：百害あって一利なし

2：時間の浪費

3：つまらない

　4：平凡

　5：納得できる

　6：価値がある

　7：こいつは新しい

　8：カテゴリー世界NO1

　9：世界で一流

10：世界一（アドバタイムス，2005）

　　1は，非常に残念な広告のレベル。2は，残念な広告のレベル。3は，多くの広告のレベル。4は，普通の広告のレベル。5は，各国の市町村の広告賞レベル。6は，各国の地方（県）の広告賞レベル。7は各国の一流広告賞レベル。またはカンヌのファイナリストレベル。8は，カンヌのブロンズレベル。9は，カンヌのシルバー，ゴールドレベル。10は，カンヌのグランプリレベル。カンヌとは，カンヌ国際クリエイティビティフェスティバルの受賞作を例に解説をしてみた。自社で，営業，戦略，クリエイティブ，ウェブ，モバイル，プロモーション，PRなどのすべての担当社員を集める。そして3カ月に1度，自社のすべての広告・広報・デザイン・プロモーション・イベント等について全員でこの点数付けをしてみる。確実に，参加者の何が素晴らしいクリエイティブか，創造性とは何かについての意識が上がる。それこそが，自社の創造性を高める方法の1つである。これにより，参加者のクリエイティブを見る目が養われ，人の心を動かすクリエイティブとは何か，が少しずつ理解できるようになる。毎回，自分に問うことで，各自の創造性の能力が向上する。広告や，広報や，マーケティングコミュニケーションは，1人の天才クリエイターだけでできるものではない。そこには，衆知を集めるシステム，最低限抑えるべきポイント，創造性を鼓舞するサポート体制などが必要である。

　　実務における戦略と創造性の関係は，戦略が創造性の必要条件である。広告や広報やデザインなどでは創造性を発揮するための戦略（論理）がしっかりしていないとその先には進めない。しかし戦略は創造性の十分条件ではない。いくら戦略が素晴らしくても，創造性に富んだ優れたアイディアがいつも生まれ

るとは限らないのである。学会の助成をいただき，数年前に日本のトップクリエイターにインタビュー調査を実施した時に，ある著名なクリエイターがクリエイティブブリーフのような戦略は，邪魔にこそなれ役には立たないと主張した。彼はそんなものだけに頼っていても「予定調和」な物しか生まれてこない，つまりありふれたつまらないアディアが量産されるだけだと主張した。アカウントプランニングや戦略に対する批判はここに集まる傾向がある。

　戦略から創造性への道は，直線でつながっている道ではない。そこにはクリエイティブジャンプと呼ばれる一種の飛躍が必要である。この道はいわばノンリニア（直線状でない）な道である。小林（1979）はベルクソンの論理と直観についての考えを紹介し「論理から直観への道はない。あるのは，直観から論理への道だけである」という意味のことを述べている。ベルクソン（1966）はものを知る2つのやり方として，対象を外から眺めるやり方と，対象を内からとらえるやり方があると主張した。対象を外から眺めるやり方は科学の方法である。ものを外から眺めるためには，見る人の立場が必用であり，見る人の立場は多様であるので，科学的認識は相対的にならざるを得ない。科学的認識の基礎には論理がり，論理による分析で理論を組み立てていく。外からの認識は分析的認識であり，1つの対象をいろいろな面からとらえていく。一方，対象を内からとらえるやり方は，対象を内から認識する。内からの認識はすなわち直観的認識である。直観的認識とは，対象そのものと1つになって知ること。分析を必用とせず，そのものを知ることである。ベルクソンが対象としているのは思想や哲学や科学の創造性であるが，実務の戦略と創造性にも通じる考え方である。数年前のインタビューで日本のトップクリエイターの1人が言っていたのはこのことである。論理や分析だけでは創造性は実現されない。創造性の実現には直観が必用である。すなわちそれは，対象そのものと1つになって知ること，分析を必用とせずそのものを知ることである。ベルクソンは，優れた哲学者や科学者や芸術家には，彼らの仕事の根本のところに彼らの直観をみとめていた。私は，戦略＝論理，創造性＝直観というような単純なことを言っているのではない。創造性の実現には，与えられた課題について人々の心を動

かすために，対象そのものと1つになって知ることが必要だと言いたいのである。これは簡単なことではない。また誰にでもできることでもないかもしれない。しかし挑戦するには価値のある道ではある。私たちに求められているのは論理や分析（戦略）でできる限り調べ尽くしたうえで，そのものの内から力を引き出すためにそのものを知る力（創造力）をひきだす努力である。古来人々は，神の啓示のような創造性の出現をさまざまな場面で見たり聞いたりしてきた。それはその場限りの一夜の演劇の舞台に現れたり，敵との戦いのさなかに人々を驚嘆させる戦略に現れたり，人々を熱狂させる音楽の場や，世界を変えるような発明や発見，多くの人を動かした演説やスポーツの試合などに現れたりしてきた。人々はそれらに「心を動かされ」歴史や政治や産業の場面を揺り動かす大きな力となった。広告やマーケティングコミュニケーションの世界でも，世界中の現場の担当者たちは，日々自分の担当する製品やサービスやアイディアを通じて「人々の心を動かし行動してもらおう」と努力を続けている。この努力は人類が生存している限り続くものである。本書がそのための1つのヒントになれば幸いである。日本の学会や産業界における創造性のますますの発展を，心からお祈りする。

おわりに

　本書は，広告やマーケティングコミュニケーションにおける創造性と戦略についての書である。私は大学および大学院時代に，日本と欧米の経営に関する比較研究を行った。その後，世界規模のアメリカの広告会社で30年以上，欧米人や日本人の得意先や上司や同僚に囲まれて広告・マーケティングコミュニケーションの実務に携わり，戦略や創造性はクライアントの課題の解決になくてはならないものであると，実際に身をもって知るにいたった。退職後，欧米のクリエイティブ戦略の歴史と，戦略によって実現される創造性の研究を目指したのは，自分としてはごく自然な流れであった。本書の大半は，「日経広告研究所報」に掲載された論文が基礎になっている（第4章，第5章，第6章，第7章，第8章，第9章）。第1章と第2章は広告科学の論文の一部と，日本広報学会での発表に加筆した。第3章，終章は新たに加筆したものである。

　本書ができるまでに多くの方々にあらゆる面でお世話になった。ここで改めて心からの感謝を申し上げたい。

　東洋大学名誉教授で広告と社会的責任研究会の座長である疋田聰先生は，それまで企業人だった私に研究への基本的な姿勢，論文の書き方などを教えてくださった。研究会の事務局長中村洋心先生は，公私ともに大変お世話になった。研究会の仲間である日経広告研究所の前専務理事の平野俊章氏，主任研究員の村上拓也氏には，「日経広告研究所報」に執筆の機会をいただいた。

　青山学院大学名誉教授の小林保彦先生にはアカウントプランニングに関する対談をさせていただいた。小林先生は，歴史研究に臨む姿勢，社史だけに頼ることへの危険性などのご助言をいただいた。

　多摩美術大学の佐藤達郎先生は，お互いがまだ広告会社にいて日本広告業協会のクリエイティブ関連の委員としてお会いして以来のお付き合いを続けていただいている。「広告科学63集」の共同研究で大変お世話になった。佐藤先生

と日本とアメリカの広告会社のトップ戦略プランナーにインタビュー調査をしたことがどれだけ本書の糧となっているだろうか。この時インタビューにお答えいただいた方々にも御礼を言いたい。

　また研究助成をいただいた日本広告学会関東部会（2012年度）日本広告学会（2014年度，2018年度）にも心からお礼を申し上げたい。

　J.W.トンプソンの先輩で，多摩美術大学名誉教授の中島祥文先生には，大学の教員をめざすうえで背中を押していただいた。私が初めて大学の教壇に立ったのは中島先生の授業である。J.W.トンプソン社（現ワンダーマン・トンプソン）の北島広宣社長，新開宏明氏，大橋久美子氏（当時），今尾麻輝子氏には，トンプソン社150周年のトンプソン大学での講演などで大変お世話になった。第Ⅱ部の内容の構想は，このトンプソン大学での講演がきっかけになっている。

　ミネソタ大学のジョシー・ハウ博士には，2017年にヨーロッパ広告学会の折インタビューをさせていただいた。また本書への掲載をご快諾いただいた。アメリカ広告業協会の調査研究担当バイスプレジデント，マーシャ・アペル氏には3年にわたりアメリカ広告業協会の年次総会への出席に便宜をはかっていただいた。また戦略担当のバイスプレジデント，モーリー・ローゼン氏にはストラテジーフェスティバルへのインタビューに答えていただいた。ジェイニー・ヒューズ氏にはA4'sの関連の資料，アメリカのアカウントプランニングに関する資料を数多くご提供いただいた。またデューク大学図書館には，アメリカの広告の歴史に関する資料をご提供いただいた。ここに深くお礼を申し上げたい。

　大学の同僚である，流通科学大学の後藤こず恵先生，羽藤雅彦先生には，大学の先輩教員としていつも助けていただいている。本書の出版に関しては流通科学大学の令和2年度研究成果出版助成および吉田秀雄記念財団の令和2年度出版助成をいただいた。深く謝意を供したい。中央経済社の瀧田修一氏と浜田匡氏には，本書の制作で大変お世話になった。全体の構成や，章ごとの整合性，校正など浜田氏ぬきではこの本は形をなしていない。

　最後に妻の万理子に心から感謝をしたい。本書の基礎となったすべての論文に最初に目を通し，的確な感想や間違いの指摘をしてくれた。心から感謝をし

ている。本書が，日々自社や団体の製品やブランドやサービスの課題に立ち向かい，戦略をたて，創造性をしぼりだして市場や消費者と格闘しているすべての人々の一助となることを心から願っている。

神戸にて

村尾　俊一

【参考文献】

Abegglen, James, C.（2004）*21st Century Japanese Management : New Systems, Lasting Values,* Nihon Keizai Shimbun. 山岡洋一訳（2004）『新日本の経営』日本経済新聞社。

America Advertising Agency Association（1996）*The Management Series Account Planning,* AAAA.

AD MAP（2015 October）"International Ad Forecast." *ADMAP* 48-49.

Advertising Age（2014）, *Marketing Fact Pack,* Crain Communications INC.

Advertising Age（1999）, *Ad Age Advertising Century:* Top 10 Slogans, Crain Communications INC.

AD WEEK（2002 April 29）"Jay Chiat: Larger Than Life", *Ad week,* 4-5.

Alexandra, Cracium（2017）"Blood-Stories. Storyscaping Engagement in Transylvania", *ICORIA* paper 127, EAA.

Amabile, Teresa, M.（1983）*The Social Psychology of Creativity,* Springer-Verlag New York Inc.

Appel, Marsha.（2013）"Highlights from the 2013 4A's Strategy Festival, Strategy&", *4A's Research Insights.,* November 20.

Atkinson,R.L. et al.（2000）*Hilgard's Introduction to Psychology,* Harcourt College Pub.

Bailin, Sharon（1988）*Achieving Extraordinary Ends: An Essay on Creativity,* Springer Science+ Business Media New York. 森一夫他訳（2008）『創造性とは何か』法政大学出版局。

Binet, Les, and Carter, Sarah（2018）*How ~~not~~ to Plan: 66 ways to screw it up,* Matador Publishing.

Brown, Stephen（1995）*Postmodern Marketing,* London Ny, Routledge.ルディー・和子（2005）『ポストモダンマーケティング』ダイヤモンド社。

Brown, Stephen（2001）"Postmodern Marketing: To Infinity and Beyond!", *Harvard Business Reviw,* June. ダイヤモンドハーバードビジネスレビュー（2001）『ポストモダン・マーケティングへの警鐘』26巻6号，ダイヤモンド社。

Bullmore, Jeremy（1991）*Behind the Scenes in Advertsing,* NTC Publications LTD, UK.

Bullmore, Jeremy（2008）"In Praise of antinomies", *Account Planning 40ʰ*.

Bullmore, Jeremy（2017）"What is Advertising", *Advertising's Big Questions: Answered by advertising's big thinkers*, Advertising Association, UK.

Cherington, Paul, T.（1913）*Advertsing as a Business Force*, Doubleday Page & Company for The Associated Advertising Clubs of America.

Colley, Russel, H.（1962）*Defining Advertising Goals for Measured Advertising Results*, NY, Association of National Advertisers. 八巻俊雄訳（1966）『目標による広告管理』ダイヤモンド社。

Collins' Clear-Type Press（1971）*The Holy Bible*.

Dentsu（2016）*Japanese Advertising Expenditure*, Dentsu.

Drever, James（1952）*A Dictionary of Psychology*, Penguin Books.

Dru, Jean, M.（1996）*Disruption*, John Wiley Sons, Inc.

Drucker, Peter, F.（1973）*Management: Tasks, Responsibilities, Practices*, NY, Harper Row. 上田惇生訳（2001）『マネジメント　基本と原則』ダイヤモンド社。

EBU Media Intelligence Service – *Trust in Media 2017*, report 参照。

El-Murad, Jaafar and West Douglas C.（2004）"The Definition and Measurement of Creativity: What do we know?" *Journal of Advertising Research*, June, 188-201.

Feldwick, Paul（2007）"Account Planning: Its History, and Its Significance for Ad Agencies", *The Sage Handbook of Advertising*, Sage Publications.

Feldwick, Paul（2017）"How does advertising work", *Advertising's Big Questions: Answered by advertising's big thinkers*, Advertising Association, UK.

Ferrier, Adam（2014）*The Advertising Effect: How to Change Behaviour*, Oxford University Press.

Fortini-Campbell, Lisa（1992）*Hitting The Sweet Spot*, Bruce Bendinger Creative Communications, Inc.

Goble, Frank（1974）*The Third Force*, A Human Potential Book. 小口忠彦訳（1972）『マズローの心理学』産能大学出版部。

Green, Andy（2010）*Creativity in Public Relations*, Kogan Page Limited.

Guilford, Joy P.（1950）"Creativity Research: Past, Present and Future", *Frontiers of Creativity Research*, 33-45.

Hegarty, John（2014）*Hegarty On Creativity*, Thames & Hudson Ltd.

Hitler, Adolf, C.（1925/26）*Mein Kampf*, Munchen Eher. 平野一郎他訳（1973）『我

が闘争（上下）』角川書店。

Hopkins, Claude. C（1966）*My Life in Advertising & Scientific Advertising*, NTC Business Books.

International Journal of Advertising（2015, 2016, 2017）"Vol.35, Vol.36, Vol.37", Routledge Taylor & Francis Group.

James, William（1892）*Psychology Brief Course*, London, Macmillan. 今田寛訳（1992）『心理学（上下）』岩波書店。

Journal of Advertsing（2015, 2016, 2017）"Vol.44 Vol.45 Vol.46", American Academy of Advertsing.

Kahneman, Daniel（2011）*Thinking Fast and Slow*, Farrar, Straus and Giroux. 村井章子訳『ファスト＆スロー』早川書房。

Kelly, Larry, D. and Jugenheimer, Donald W.（2015）. *Advertising Account Planning*, Routledge Taylor & Francis Group.

Keynes, John Maynard（1933）"National Self-Sufficiency", in *The Collected Writings of John Maynard Keynes Vol XXI*, Macmillan Cambridge University Press.

Kilgour, Mark, and De Run, Ernest, Cyril,（2013）*Creative Perfection*, Penerbit UNIMAS, Malaysia.

Kilgour, Mark, Sasser, Sheila, Koslow, Scott, and O'Connor, Huw（2017）"Towards A Governance Freamework for Adevertising Output", *ICORIA* paper 25, EAA.

Kindleberger, Charles, P.（1980）*Manias, Panics and Crashes*, Harper Culophon Books. 中島健二訳（2002）『経済大国興亡史 1500-1990』岩波書店。

King, Stephen（1989）"The Anatomy of Account Planning" *AD MAP.*, November.

King, Stephen（2007）*A Master Class in Brand Planning*, John Wiley & Sons Inc. NJ USA.

Knoeppel, Charles, E. and Lewis, Elmo, S.E.（1933）"Securing Sales Called for by Profitgraph", *Profit Engineering*, Mcgraw-Hill Book Company Inc, NY and London.

Kreshel, Peggy, J.（1990）"John B. Watson at J. Walter Thompson : The Legitimation of Science in Advertising", *Journal of Advertising*, 19（2）, 49-59.

Kosslyn, Stephen, M.（1980）*Image and Mind*, Harvard University Press.

Kotler, Philip（1991）*Marketing Management: Analysis, Planning, Imprementation,*

& *control*（*seventh edition*）, Prentice-Hill, Inc. 村田昭治他訳（1996）『マーケ
ティングマネジメント（第7版）』プレジデント社。

Kotler, Philip（2010）*Marketing3.0: From Products to Consumers to the Human
Spirit*, John Wiley and Sons, Inc. 恩藏直人監訳，藤井清美訳（2010）『コトラー
のマーケティング3.0』朝日新聞出版。

Kotler, Philip and Keller, Kevin. L.（2007）*Framework for Marketing Management
3rd Edition*, Person Education,Inc. 恩藏直人訳（2014）『コトラー＆ケラーのマー
ケティングマネジメント基本編（第3版）』丸善出版。

Lois, George（2012）*Damn Good Advice*, Phaidon Press Limited. 岸田真矢訳（2012）
『世界を変えた伝説の広告マンが語る大胆不敵なクリエイティブ・アドバイス』
青幻舎。

Longman Group UK Limited（1987）*Longman Dictionary of Contemporary
English*. 丸善。

Manning Burt（1989）*Advertising Leadership 1864-1989*, J.W.Thompson NY.

Martineau, Piewe（1957）*Motivation in Advertising*, New York, MacGraw-Hill.

Maslow, Abraham H.（1964）*Relogions, Value and Peak Experiences*, Columbus
Ohio, Ohio State University Press. 佐藤三郎他訳（1972）『創造的人間』誠信書房。

Maslow, Abraham H.（1970）*Motivation and Personality*, Harper & Row, NY. 小口
忠彦訳（1987）『人間性の心理学』産業能率大学出版部。

Maslow Araham H.（2013）*A Theory of Human Motivation*, Martino Publishing,
USA.

Montague, Ty（2013）*True Story: How to Combine Story and Action to Transform
Your Business*, Harvard Business Review Press. 片山奈緒美訳（2014）『スー
パーストーリーが人を動かす』日経BP。

Munsterberg, Hugo（1913）*Psychology and Industrial Efficiency*, Houghton Mifflin
Company, Boston & NY.

Murao, Shunichi（2017）"The Characteristics and Current Changes of Advertising
Creativity" *ICORIA* paper 26, EAA.

Murao, Shunichi（2018）"The United States and Japan: Comparative Research on
Creativity and The Effect of Account Planning", *ICORIA* 2018 submissions.

Nader, Ralph（1973）*The Consumer and Corporate Accountability*, Harcourt Brace
Jovanovich, NY. 伊藤正孝他訳（1973）『消費者と公害』朝日新聞社。

Newman Jane（1996）Introduction, *Account Planning*, AAAA.

Ogilvy, David（1964）*Confession of an Advertising Man,* London, Longmans.

Ogilvy, David（1983）*Ogilvy On Advertising,* Vintage Books, NY.

Osborn, Alex, F.（1948）*Your Creative Power,* Charles Scribner's Sons, New York. 豊田晃訳（1972）『創造力を生かせ』創元社。

Packard, Vance, O.（1957）*Hidden Persuaders,* David Makay Co.　林周二訳（1958）『かくれた説得者』ダイヤモンド社。

Presbery, Frank（1929）*The History and Development of Advertising,* Doubleday, Doran & Company Inc. Garden City, New York.

Pollit, Stanley（1979）"How I Started Account Planning" *Campaign.,* April.

Porter, Michael, E.（2011）"Creating Shared Value", *Harvard Business Review,* Jan-Feb. 編集部訳（2011）「共通価値の戦略」『ハーバード・ビジネス・レビュー』6月, 8-31。

Quelch, John, A. et al.（2000）*Strategic Marketing Cases for Twenty-first Century Asia,* Prentice Hall, Singapore.

Reeves, Rosser（1961）*Reality in Advertising,* London, Macgibbon & Kee. 近藤隆文訳（2012）『USPユニーク・セリング・プロポジション』海と月社。

Reich, Robert, B.（2007）*Supercapitalism,* Alfred, A. Knopf, NY. 雨宮寛・今井章子訳（2008）『暴走する資本主義』東洋経済新報社。

Reid, Leonard, L., King, Karen, W. and DeLorme, Denise, E.（1998）Top Level Agency Creatives Look at Advertising Creativity Then and Now, *Journal of Advertising,* 27（2）, November 2, Summer, 1-15.

Rhodes, Mel（1961）"An Analysis of Creativity", *Pli Delta Kappen,* 305-310.

Rossiter, John, R, and Percy, Larry（1996）*Advertising Communications & Promotion Management,* MaGraw Hill. 青木幸弘他訳（2000）『ブランドコミュニケーションの理論と実際』東急エージェンシー。

Russell, Bertrand（1946）*History of Western Philosophy,* London, G.Allen & Unwin. 市井三郎訳（1959）『西洋哲学史』みすず書房。

Sandage, Charles, H., Fryburger Vernon, and Rotzoll, Kim（1975）*Advertsisng Theory and Practice,* Richard D. Irwin Inc. Homewood Illinois.

Sasser, Sheila, L. and Koslow Scott（2008）"Desperately Seeking Advertising Creativity", *The Journal of Advertising,* Winter, 2008, 5-19.

Sasser, Sheila, L., Koslow, Scott, and Riordan, Edward A.（2003）"What is Creative to Whom and Why? Perceptions in Advertising Agencies", *Journal of*

Advertising Research, March 2003, 96-110.

Scott, Walter, D. (1913) *The Psychology of Advertsing,* Small Maynard & Company, Boston.

Schultz, Don, E. (2003) *IMC: The Next Generation,* McGraw-Hill. 上木原他訳 (2005)『ドン・シュルツの統合マーケティング』ダイヤモンド社。

Schulz, Don, E. and Block, Martin, P. (2017) "Beyond Demograhics: Adding Emotional Varables to Enhance Media Planning-An Exploratory View", *ICORIA* paper 23, EAA.

Sena, Peter (2015) "From Waterfall to Agile Planning", *Admap Magazine* July-August 2015, 26-27.

Snijders Weimer et al. (2018) *Eat Your Greens,* APG Ltd.

Sivulka, Juliaan (1998) *Soap, Sex, and Cigarettes: A Cultural History of American Advertising,* Wardsworth Publishing Company.

Starch, Daniel (1923) *Principles of Advertising,* A.W. Shaw Company, Chicago & NY.

Steel, Jon (1998) *Truth, Lies & Advertising,* John Wiley and Sons, Inc. 丹治清子他訳 (2000)『アカウント・プランニングが広告を変える』ダイヤモンド社。

Steel, Jon (2008) Solving The Wrong Problem, *Planning at 40th.*

Storey, Richard and Smit, Edith (2007) "The Creative Brief and its Strategic Role in the Campaign Development Process" ·*The Sage Handbook of Advertising,* Sage Publications, London.

Watson, John, B. (1930) *Behaviorism: Revised Edition,* University of Chicago Press. 安田一郎訳 (1980)『行動主義の心理学』河出書房新社。

Wells, Williams, Moriarty, Sandra, Burnet, John, and Spence-Stone, Ruth (2005) *Advertising principles and Practice,* Pearson Education Australia.

Weber, Max (1920) *Die Protestantische Ethik und der 'Geist' des Kapitalism,* J.C.B.Mohr. 大塚久雄訳 (1955)『プロテスタンティズムの倫理と資本主義の精神』岩波書店。

Wertheimer, Max (1959) *Productive Thinking,* New York, Harper.

West, Douglas C., Kover Arthur J. and Caruana Albert (2008) "Practioner and Customer Views of Advertising Creativity", *Journal of Advertising,* 37(4), 35-43.

West, Douglas, C., Scott, Koslow and Mark Kilgour (2019) "Future Directions for

Advertising Creative Research", *Journal of Advertising* 48（1）102-114.

Young, James, W.（1975）*A Technique for Producing Ideas,* Crain Books. 今井茂雄訳（1988）『アイディアのつくり方』TBSブリタニカ。

Young, James, W.（1941）"What Shall We Do About It?" Joint Meeting of the Association of National Advertisers, Inc. and American Association of Advertising Agencies, at Hot Springs, Virginia, USA.

浅羽良昌（1996）『アメリカ経済200年の興亡』，東洋経済新報社。

アドバタイムズ（2005）「特別企画：新生JWTの船出」『アドバタイムズ』宣伝会議。

天野祐吉（2008）『広告も変わったねぇ。』インプレスジャパン。

天野祐吉・島森路子（2104）『広告20世紀』グラフィック社。

有賀夏紀（2002）『アメリカの20世紀（上下）』中央公論社。

有賀夏紀・能登路雅子（2005）『史料で読むアメリカ文化史4　アメリカの世紀　1920年代―1950年代』東京大学出版会。

石川淳（1970）『日本の名著21　本居宣長』中央公論社。

石岡瑛子（2005）『私デザイン』講談社。

石岡瑛子（1992）デザイナーは世の中に対する発言者でなければならない，『グラフィック・パーソナリティ』リブロポート。

井関利明（1991）「生活者起点マーケティングの新しい展開」『生活起点発想とマーケティング革新』国元書房。

磯部佑一郎（1971）『アメリカ新聞物語』ジャパン・タイムズ。

伊藤整・懸田克躬（1966）「対談フロイトの現代性」『世界の名著49　フロイト』付録，中央公論社。

猪木武徳，高橋進（1999）『世界の歴史29　冷戦と経済繁栄』中央公論新社。

植條則夫（1993）『広告コピー概論』宣伝会議。

海老澤有道（1989）『日本の聖書』講談社。

金谷治（1991）『論語』岩波書店。

神田乃武（1902）『新譯英和辞典』三省堂。

キーン・D.（2002）『果てしなく美しい日本』講談社。

岸志津江・田中洋・嶋村和恵（2017）『現代広告論第3版』有斐閣。

岸志津江（2004）「広告研究における消費者理解（上）」『日経広告研究所報』215号，2-9。

久保村隆祐・阿部周造（1987）『新版マーケティング管理』千倉書房。

ケストラー・A.著，吉村鎮夫訳（1967）『創造活動の理論（下）』株式会社ラテイス。

広告科学（2015，2016，2017）「第61集，第62集，第63集，第64集」，『広告科学』日本広告学会。

広報研究（2015，2016，2017）「第19号，第20号，第21号」，『広報研究』日本広報学会。

広告批評（1999）「広告の20世紀③20世紀をつくった広告クリエイター50人」『広告批評』229号，マドラ出版。

広告批評（2001）保存版日本のコマーシャルBEST100，『広告批評』250号，マドラ出版。

小林秀雄（1977）『本居宣長』新潮社。

小林秀雄（1982）『本居宣長補記』新潮社。

小林秀雄（2014）『学生との対話』新潮社。

小林保彦（1992）「アカウントプランナー論－これからの広告会社の企画活性化を探る－」『青山経営論集』27巻第3号，37-50。

小林保彦（2000）『アメリカ広告科学運動』日本経済新聞社。

小林保彦（1998）『広告ビジネスの構造と展開』日本経済新聞社。

小林保彦（2004）『アカウントプランニング思考』日本経済新聞社。

小林保彦他（2008）「調査から見る日本のアカウントプランニングの実態（上）」『日経広告研究所報』238号，2-14。

佐藤達郎・村尾俊一（2016）「戦略プランニングにおけるクリエイティブブリーフの国際比較」『広告科学』第63集17-30。

白川静（1984）『字統』平凡社。

白川静（1978）『漢字百話』中央公論社。

妹尾俊之（2015）「広告への物語論的アプローチ」水野由多加・妹尾俊之・伊吹勇亮『広告コミュニケーションハンドブック』有斐閣。

宣伝会議（1971）『広告大辞典』宣伝会議。

宣伝会議（2006）『マーケティング・コミュニケーション大辞典』宣伝会議。

外林大作他編（1981）『誠信心理学辞典』誠信書房。

高階秀爾（1991）『日本美術を見る眼』岩波書店。

田中一光（1997）『デザインと行く』白水社。

田中一光（2004）『田中一光自伝　われらデザインの時代』白水社。

田中素香・長部重康・久保広正・岩田健治（2001）『現代ヨーロッパ経済第3版』有斐閣。

田中洋・清水聰編（2006）『消費者・コミュニケーション戦略』有斐閣。

仲畑貴志（2008）『勝つ広告のぜんぶ』宣伝会議。

内閣府（2016）「長期経済統計」『平成28年度年次経済財政報告』内閣府。

中島祥文（2009）『考えるデザイン』美術出版社。

中屋健一（1968）『大世界史18　偉大なるフロンティア』文藝春秋。

新村出編（2018）『広辞苑（第7版）』岩波書店。

仁科貞文・田中洋・丸岡吉人（2007）『広告心理』電通。

野田宣雄（1969）『大世界史24　独裁者の道』文藝春秋。

日本経済新聞（2017）「英誌の世界大学ランク」『日本経済新聞』（2017年9月6日朝刊）。

日本放送協会（1977）『放送五十年史資料編』日本放送協会。

春山行夫（1981）『西洋広告文化史（上下）』講談社。

藤沢令夫（1974）『プラトン全集5』岩波書店。

ベルクソン A.（1966）澤潟久敬訳『世界の名著53　ベルクソン』中央公論社。

前田護朗（1968）『世界の名著12　聖書』中央公論社。

丸山真男（1961）『日本の思想』岩波書店。

丸山真男（1999）『丸山正真男講義録　第5冊』東京大学出版会。

丸山真男他（1998）『翻訳と日本の近代』岩波書店。

水野由多加（2004）『統合広告論』ミネルヴァ書房。

南博（1974）『原典による心理学の歩み』，講談社。

村尾俊一（2016）「広告クリエイティビティの特徴と現在の変化」『広告科学』第62集，13-31。

村尾俊一（2016）「アメリカ戦略プランニングの展望」『日経広告研究所報』285号，33-39。

村尾俊一（2016）「アカウントプランニングの起源を探る（上中下）」『日経広告研究所報』288，44-51，289，49-55，290号，34-41。

村尾俊一（2017）「クリエイティブブリーフの歴史的展望」『日経広告研究所報』294号，40-46。

村尾俊一（2018）「ヨーロッパ広告学会2017広告研究国際会議」『日経広告研究所報』298号，54-61。

村尾俊一（2019）「アカウントプランニングの成立と発展（上下）」『日経広告研究所報』304，46-52，305号，30-36。

村尾俊一（2020）「創造性実現のための戦略レビューボードとクリエイティブレビュー

ボード」『日経広告研究所報』314号，26-31。

本居宣長・村岡典嗣校訂（1934）『うひ山ふみ・鈴屋答問録』岩波書店。

文部科学省学術政策研究所（2017）「科学技術指標2017」文部科学省『日本経済新聞』（2017年8月9日朝刊）。

ロージャズ，R.カール（1967）畠瀬稔編訳『ロージァズ全集6　人間関係論』岩崎学術出版社。

和辻哲郎（1935）『風土』岩波書店。

アメリカ広告殿堂のウェブサイト，2016年5月閲覧。（www.http://advertisinghall.org/members）

アメリカマーケティング協会のウェブサイト，2016年7月閲覧。（www.http://ama.org/resources/pages/Dictionary.aspx）

eMarketerのウェブサイト，2018年2月閲覧。（https://www.emarketr.com/Chart/Ad-Bloking-Users-Penetration-Germany-France-UK）

Gallup社ウェブサイト「American's Trust in Mass Media」参照。https://news.gallup.com/poll/267047/americans-trust-mass-media-edges-down.aspx

NHK総合テレビ，あの人に会いたい（2017）「石岡瑛子」

NHK総合テレビ，NHKスペシャル（2015）「私が愛する日本人へ　ドナルド・キーン　文豪との70年」

索　引

初出一覧

第1章第2章1・2：村尾俊一（2016）「広告クリエイティビティの特徴と現在の変化」『広告科学』第62集。

第2章3：村尾俊一（2017）「広報のクリエイティビティ」『日本広報学会第23回研究発表大会予稿集』。

第3章：Murao, Shunichi, (2018) "The United States and Japan: Comparative Research on Creativity and The Effect of Account Planning", ICORIA 2018 submissions.

第4章：村尾俊一（2016）「アカウントプランニングの起源を探る（上中下）」『日経広告研究所報』288, 289, 290号。

第5章：村尾俊一（2019）「アカウントプランニングの成立と発展（上下）」『日経広告研究所報』304, 305号。

第6章：村尾俊一（2016）「アメリカ戦略プランニングの展望」『日経広告研究所報』285号。

第7章：村尾俊一（2018）「ヨーロッパ広告学会2017広告研究国際会議」『日経広告研究所報』298号。

第8章：村尾俊一（2017）「クリエイティブブリーフの歴史的展望」『日経広告研究所報』294号。

第9章：村尾俊一（2020）「創造性実現のための戦略レビューボードとクリエイティブレビューボード」『日経広告研究所報』314号。

【著者紹介】

村尾　俊一（むらお　しゅんいち）

1979年　横浜国立大学大学院経営学研究科修了。修士（経営学）
1979年　J.ウォルター・トンプソン・ジャパン入社
2009年　戦略プランニング研究所代表
2019年　流通科学大学商学部特任教授　現在にいたる

〈主著〉
2016年　「広告クリエイティビティの特徴と現在の変化」広告科学62集。
2016年　「戦略プランニングにおけるクリエイティブブリーフの国際比較」広告科学63集（多摩美術大学佐藤達郎先生との共著）。
2016年　「アカウントプランニングの起源を探る（上中下）」日経広告研究所報288号，289号，290号
2018年　「The United States and Japan : Comparative Research on Creativity and the Effect of Account Planning」ICORIA2018 submissions.

マーケティングコミュニケーションにおける創造性と戦略
—— クリエイティビティとアカウントプランニング

2021年3月31日　第1版第1刷発行

著　者	村　尾　俊　一	
発行者	山　本　　　継	
発行所	㈱ 中 央 経 済 社	
発売元	㈱中央経済グループパブリッシング	

〒101-0051　東京都千代田区神田神保町1-31-2
電話　03 (3293) 3371(編集代表)
　　　03 (3293) 3381(営業代表)
https://www.chuokeizai.co.jp
印刷／㈱堀内印刷所
製本／誠　製　本　㈱

© 2021
Printed in Japan

ブランド・コミュニティ
同一化が結びつきを強化する

羽藤 雅彦 ［著］

●A5 判・212 頁・ハードカバー
●ISBN: 978-4-502-31241-0

従来のマーケティング的側面からだけでなく、社会学的アプローチから検討を加えた意欲作。その過程で企業が目指すべき成果指標や、それを高める要因は何かについても明確化。

本書の構成

中央経済社